LES QUATRAINS

DE PIBRAC

Il a été tiré de ce livre :

20 exemplaires sur papier de Chine.

Ces exemplaires sont numérotés et paraphés
·par l'éditeur.

LES QUATRAINS

DE

Pibrac

SUIVIS DE SES AUTRES POÉSIES

Avec une Notice

PAR JULES CLARETIE

FAC ET SPERA

PARIS

ALPHONSE LEMERRE, ÉDITEUR

27-29, PASSAGE CHOISEUL, 27-29

M DCCC LXXIV

AVERTISSEMENT

Les Quatrains *dont nous offrons aujourd'hui
la réimpression aux bibliophiles n'ont pas eu
moins de cinquante éditions. Il était donc juste
que le titre du livre auquel Pibrac doit la meilleure partie de sa gloire figurât seul en tête de
notre volume. A la suite de ce catéchisme d'honneur, on trouvera les* Sonnets des Dames illustres
et les Plaisirs de la Vie rustique. *Pour cette première partie de l'œuvre de Pibrac, l'édition donnée par Fédéric Morel, en 1584, a servi de
guide, parce qu'elle est la plus correcte, la plus*

complète et la dernière publiée du vivant de
l'auteur.

Un appendice aux poésies de Pibrac, formant
la seconde partie de cette édition, comprendra
les sonnets empruntés à l'Entrée de Charles IX
dans Paris, par Simon Bouquet, ainsi que les
pièces tirées du Parnasse des plus excellens
Poëtes de ce temps (Paris, Mathieu Guillemot, 1607, in-12). Ainsi l'œuvre du moraliste
sera complétée par des poésies d'une inspiration
plus intime.

Parmi les éclaircissements historiques et
bibliographiques placés à la fin de ce volume, il
en est un bon nombre dont nous sommes rede-
vables à M. le comte de Pibrac, qui a bien voulu
nous communiquer ses notes sur l'auteur des
quatrains, et nous donner, sur les éditions rares
dont il est l'unique possesseur, des renseignements particuliers. En lui offrant ici nos remer-

cîments les plus empressés pour la bienveillance avec laquelle il a accueilli notre publication, nous croyons devoir lui exprimer, ainsi qu'à nos lecteurs, le regret de n'avoir pu donner une plus large place à ses précieuses indications.

E. C.

NOTICE.

I.

E temps où nous vivons a cette qualité, entre bien des défauts, de s'attacher à faire revivre ce qu'il y a de bon et de beau dans notre vieille littérature nationale, de remettre en lumière les auteurs français dignes d'admiration ou d'estime et de travailler, en quelque sorte, à un soigneux inventaire de l'héritage du passé. Il y a un symptôme excellent dans le goût du public pour ces rééditions, ces restitutions de nos auteurs anciens. Ce retour sympathique vers notre vieux fonds gaulois est comme un bain de Jouvence rafraîchissant et salutaire. On en rapporte une impression de santé morale, je ne sais quel sentiment fortifiant et viril.

A bien prendre, il y aurait assez de séve, d'ardeur généreuse, une veine assez puissante encore dans nos vieux auteurs pour révivifier, si on les étudiait de plus près, notre littérature actuelle. Ces poëtes inspirés, ces moralistes sans dureté mais sans faiblesse, ces conteurs aux paroles exquises, ces bonnes gens du vieux temps, sincères et profonds, — et aussi ces fiers esprits, libres de joug et impatients de tout frein, les Étienne Pasquier, les Ronsard, les Agrippa d'Aubigné, les Montaigne, les La Boétie, les Amyot, les Estienne, pour les citer au hasard, sont les aïeux véritables de notre France, et c'est à eux qu'il faut demander, avec raison, le secret de cette régénération intellectuelle et morale qui sera l'œuvre glorieuse ou le rêve déçu des années à venir.

Mais, parmi tous les grands noms d'autrefois, parmi tous les poëtes illustres, il est des renommées à demi effacées aujourd'hui, des gloires *qu'on ne chôme plus* guère, comme dirait Regnier, et qui pourtant méritent et notre attention et notre respect. De ces lettrés presque oubliés, Guy du Faur de Pibrac, ou, pour dire comme la postérité, Pibrac, est un de ceux qu'il n'est point permis de laisser dans l'ombre et dont l'œuvre et l'existence méritent à la fois le plein soleil. Il ne nous a point légué un héritage considérable, à peine une centaine de quatrains et quelques pièces de vers encore, mais la morale la plus mâle donne à ces préceptes, qui remplacèrent pour nos aïeux les *Distiques* du vieux Caton, un prix inestimable, et ces pages suffisent à assurer à leur auteur, dans le groupe des hommes du XVIᵉ siècle, une place choisie.

Pibrac, il est vrai, est moins un poëte épris de la forme qu'un penseur absorbé par l'idée, et nous verrons tout à l'heure que, s'il attira sur son nom les éloges unanimes de ses contemporains, il fut loin de séduire quelques-uns des poëtes de notre temps, Théophile Gautier entre autres. Mais la raison la plus ferme, le sens le plus droit, la fierté la plus mâle, qui sont la force même de cette poésie, ne sont point, ce semble, vertus à dédaigner, et Pibrac a pour lui le suffrage le plus enviable de tous, celui de Molière. Ennemi de toute affectation, de toute fantaisie débilitante; ami, au contraire, des choses saines, droites et justes, Molière conseille à tous, dans *Sganarelle,* par la bouche du bonhomme Gorgibus haranguant sa fille, de jeter au feu tous les romans qui troublent les cervelles et de s'en tenir aux livres honnêtes, vrais, et pleins de moelle :

> *Lifez-moy comme il faut, au lieu de ces fornettes,*
> *Les Quatrains de Pibrac, & les doctes Tablettes*
> *Du Confeiller Matthieu, ouvrage de valeur,*
> *Et plein de beaux dictons à reciter par cœur.*

Molière allait un peu loin, à notre avis, en rapprochant des *Quatrains* de Pibrac les *Tablettes de la vie & de la mort* de Pierre Matthieu qui fut historiographe de Henri IV et de Louis XIII, et dont les vers sont loin de valoir ceux du poëte gascon; mais il faut entendre par un tel rapprochement que ce génie fait de clarté et de raison, Molière, eût voulu, en quelque sorte, meubler les intelligences humaines de ces maximes sages et hautes que les lèvres répètent d'abord, et dont, si je puis dire, le cœur et l'âme finissent peu à peu par s'imprégner [1].

1. Molière eût pu citer, avec Pibrac et le conseiller Matthieu, le président Favre, qui fut le père du grammairien Vaugelas et qui, lui aussi, composa des quatrains: cent *Quatrains* moraux dédiés à Marguerite de Savoie. Ces *Quatrains*, comme les *Tablettes* du conseiller Matthieu, sans valoir la peine peut-être d'être réimprimés, sont dignes pourtant d'attention et pleins de ces *beaux dictons* que chérissait Molière. Il est du conseiller Matthieu ce quatrain : *La Mort eft comme vn tifferand :*

> *La vie eft vne toile, aux vns elle eft d'eftoupe,*
> *Aux autres de fin lin, & dure plus ou moins :*
> *La mort quand il luy plaift, fur le meftier la coupe,*
> *Et l'heur & le mal'heur comme les fils font ioints.*

Pibrac mérite donc les honneurs d'une réédition, et sa vie, encore un coup, est de celles qui font aimer l'humanité. Ils n'étaient point rares, au surplus, dans les temps troublés du XVIᵉ siècle, ces types d'honnêteté solide et de ferme sagesse. Il semble qu'à de certaines heures de déchirements et de chutes, les caractères d'exception, les âmes élevées, les grands courages soient plus nombreux qu'à d'autres époques. Lorsque les

Dans un autre quatrain, Pierre Matthieu fait le *Portrait de la Chicane :*

> *La chicane auiourd'huy, met le peuple en chemife :*
> *La rufe eft fon bouclier, fon Idole l'argent :*
> *Le tan perce la toile, & la mouche y eft prife,*
> *Le coulpable on abfout pour punir l'innocent.*

Je ne citerai qu'un quatrain du président Favre :

> *Ne faire aultre chofe que ce qu'on doit.*

> *Ce n'eft le tout de brouiller mainte affaire,*
> *Pour n'eftre dit iuftement pareffeux :*
> *Le principal, c'eft n'eftre point de ceux*
> *Lefquels font tout, fors ce qu'ils doiuent faire.*

Tous ces quatrains sont loin, on le voit, d'égaler les *Quatrains* de Pibrac, mais ils n'en ont pas moins leur valeur.

foules se pervertissent dans l'ardeur de la lutte, au-dessus d'elles surgissent de fiers visages qui semblent rayonner de l'antique éclat de la nation tout entière, et des êtres privilégiés qui gardent intact le dépôt du vieil honneur. Tel fut le grand chancelier de l'Hospital dont la barbe blanche faisait dire : « Lorsque cette neige sera fondue, il n'y aura plus parmi nous que de la boue. » Tel fut cet Étienne de la Boétie, doublement dévoré, dans son ombre, du feu de la passion et de la flamme du patriotisme. Tel fut, avec une physionomie moins austère peut-être, ce magistrat et ce poëte, Guy du Faur, seigneur de Pibrac, dont nous publions aujourd'hui une édition nouvelle.

Ce *grand personnage,* comme l'appelle Guillaume Colletet, était Toulousain. L'année même où naissait à Paris Étienne Pasquier, qui devait être son ami, Pibrac naissait à Toulouse (1529). Nulle part nous n'avons trouvé noté le jour même de cette naissance que Grainville et Sepher, dans leur *Mémoire sur la vie de Pibrac,* placent en 1528. La famille de Guy du Faur de Pibrac était une des plus anciennes et des plus nobles de la province. Ses aïeux avaient, avec valeur, manié l'épée, avec honneur porté la robe. Plusieurs de ses ascendants avaient été présidents du Parlement de Toulouse. On cite son bisaïeul, Gratien du Faur, d'abord chancelier du comte d'Armagnac, puis ambassadeur de Louis XI en Allemagne, nommé ensuite, par le roi, président à mortier. Gratien du Faur avait eu deux fils : l'aîné devait être président aux enquêtes du Parlement de Toulouse et évêque de Lectoure; l'autre, procureur général du roi. Celui-ci fut le grand-père de Pibrac. L'aîné de ses enfants (il en laissa trois), président à mortier, comme Gratien du Faur, allait avoir pour fils Guy du Faur de Pibrac, l'auteur des *Quatrains*.

Jeune, Pibrac était déjà solidement instruit, et Pierre Bunel, son précepteur, lui avait donné tout d'abord une de ces fortes instructions qui rendaient accessibles à la fois, à de tels hommes, leur langue maternelle et les « trésors de la Grèce et de Rome. » — « Bientôt, dit un éloge *inédit* de Pibrac[1], les langues d'Homère et de Démosthènes, de Cicéron et de Virgile lui devinrent aussi familières que la sienne propre. » Le docte Cujas, qui étudia l'antiquité au point de vue de la loi comme d'autres à la même

---

1. *Éloge de Guy du Faur de Pibrac* par Louis-Pierre Martin, avocat au Parlement de Paris (Mss.). Ce travail, que nous possédons, est daté de la *rue Saint-Nicaise, à côté de l'hôtel de Longueville, à Paris.*

heure le faisaient au point de vue des vers, et
qui, contribuant lui aussi à la *Renaissance* française, renouvela les études juridiques, Cujas
allait enseigner le droit au futur magistrat; et,
pour achever cette éducation, Pibrac quittait
bientôt Toulouse et se rendait à Padoue où enseignait Alciat, François Alciat, le prédécesseur
de Cujas lui-même, celui qui, selon le mot de
Joseph Scaliger, avait commencé ce que Cujas
devait accomplir. Studieux et acharné dans son
labeur, Pibrac allait beaucoup apprendre aux
leçons de ce socinien d'Alciat que Calvin et
Théodore de Bèze regardaient absolument comme
un fou. Mais, à tout prendre, c'était encore son
premier maître, son *précepteur domestique,* Pierre
Bunel, qu'il aimait le mieux et auquel il se vantait
de devoir le plus. On trouve dans les vers de
Pibrac la preuve de cette affection que conser-
vait le disciple devenu vieux au maître mort :

> ... *ce docte Bunel, vray honneur de noftre âge*
> *Qui iadis efcrivant Ciceron effaçoit...*

Pierre Bunel, qui rendait une pareille affection à
son élève, l'eût accompagné sans nul doute à
Padoue. La mort le frappa au moment du dé-
part, et Pibrac fit seul un voyage qui dura plusieurs années. A cette époque, le futur auteur

des *Quatrains* s'attachait déjà à rimer, tout en suivant les leçons d'Alciat, et nous voyons Paul Manuce lui écrire une épître latine « pour le féliciter de joindre le culte des muses à l'apprentissage des lois. »

Pibrac avait alors vingt ans. Il revint à Toulouse et, déjà grave à cet âge, on le vit, débutant au barreau, se placer, dès son début et selon le mot de Du Vair, *au premier rang d'honneur*. En même temps qu'il plaidait, avec une éloquence vraie et puissante (celle qui substitue aux vaines déclamations des raisonnements justes et précis, à l'aplomb hautain de l'ignorance la modestie sincère de la science), Pibrac, déjà désintéressé, ami du bien, jaloux d'être utile, faisait aussi sur la jurisprudence des *lectures publiques* qui attiraient une foule sympathique autour de sa chaire. Les premiers rayons de la gloire, ces rayons plus doux que les premiers feux du jour, comme disait d'une façon si touchante le pauvre Vauvenargues, entouraient ce jeune front et le nom de Pibrac était déjà célèbre. Aussi bien passa-t-il rapidement, malgré sa jeunesse, de la chaire du professeur à la place du conseiller, et bientôt fut-il nommé prévôt ou, pour écrire son titre, *juge mage* de la cité de Toulouse. Il devait, peu d'années après, marquer sa place à Paris même, et parmi les premiers personnages du royaume.

A peine tu auois de la barbe au menton,
Que Thouloufe te vit vn troifieme Caton,
Exemple de vertus, patron de fainfte vie,
Magafin de fçauoir & plus grand que l'enuie [1].

Intègre et bon, tout dévoué à la justice et aux droites actions, Pibrac allait se signaler bientôt par deux actes également louables que l'histoire a pu enregistrer. En 1559, au moment où le Parlement de Paris, protestant contre un arrêté de la Grand'Chambre qui venait d'acquitter en appel des gens coupables d'avoir assassiné des luthériens, cassa trois condamnations à mort prononcées contre des réformés, il y eut entre la Cour catholique et le Parlement une sorte de duel moral. La Cour, poussée par le cardinal de Lorraine et Diane de Poitiers, voulut faire sentir aux membres du Parlement combien ce dernier arrêt lui paraissait audacieux, et les présidents et gens du roi, mandés par Henri II, furent « sommés d'aviser à rétablir l'unité de jurisprudence entre les chambres du Parlement ainsi que la stricte exécution des édits du roi [2]. » Cette

1. *Tombeau de M. du Faur, sieur de Pibrac,* par A. D. T. (1584, Paris.)
2. Voy. Henri Martin, *Histoire de France,* tomes VIII et IX.

question fut posée, dès la fin d'avril 1559, par le procureur général du Parlement à la *mercuriale* ou séance disciplinaire qui se tenait une fois par trimestre, un mercredi. Là, chaque membre du Parlement, à son tour, fit connaître son opinion sur la sommation du roi. Le président Arnauld du Ferrier, Toulousain comme Pibrac, répondit qu'il fallait demander au roi la convocation d'un *libre* concile et, en attendant, *faire cesser les peines capitales ordonnées pour le fait de la religion.*

Peu de jours après, le roi, instruit par quelque traître des velléités de résistance ou plutôt de l'énergique attitude du Parlement, se rendait en personne au couvent des Grands-Augustins où se tenait alors provisoirement la mercuriale, et, entrant là, suivi des princes et du cardinal de Lorraine, des Montpensier et La Roche-sur-Yon, du connétable de Montmorenci, du garde des sceaux et de plusieurs de ses conseillers, Henri II ordonna que le Parlement achevât la mercuriale en sa présence.

Qu'on se figure cette scène imposante : les magistrats assis, calmes et graves dans leurs longues robes, le roi et les Guises, altiers, la tête haute et attendant avec des airs de menace toute parole de liberté qu'ils devaient regarder comme une parole de rébellion. Les conseillers n'en furent point troublés. Anne du Bourg, que ne devait point faire pâlir le supplice, fut particulièrement courageux et prit noblement la défense de ceux qui, en présence de la *turpitude romaine*, demandaient, disait-il, *une salutaire réformation*. Puis un autre parla après lui, un homme jeune et énergique, du Faur de Pibrac, le conseiller toulousain, le disciple de Cujas et d'Alciat, qui, après avoir énuméré les abus de l'Église romaine : « Il faut bien, s'écria-t-il, entendre ceux qui troublent l'Église, de peur qu'il n'advienne ce que Hélie dit au roi Achab : C'est toi qui troubles Israël ! »

Le roi s'était senti pris de colère en entendant les paroles hardies d'Anne du Bourg et de du Faur : il ordonna à Montmorenci de saisir l'un et l'autre sur leur banc de magistrat, *pour servir d'exemple*, et le connétable remit les conseillers à un capitaine des gardes qui les conduisit à la Bastille. Six conseillers encore, « l'élite du Parlement, » devaient être arrêtés. Trois s'échappèrent; trois autres, Antoine Fumée, La Porte et Paul de Foix, furent *embastillés* comme Pibrac. « Je le verrai brûler de mes deux yeux ! » répétait Henri II, en parlant d'Anne du Bourg. Le coup de lance de Montgomeri vint l'empêcher d'assister à ce supplice, mais la Grève attendait du

Bourg et il y devait expirer en martyr. Il fallut les revirements étonnants d'une politique aussi troublée que celle d'un pareil temps, pour empêcher les autres conseillers de subir le supplice d'Anne du Bourg. Du Faur et Paul de Foix furent seulement condamnés à la suppression de leurs offices, mais l'assemblée des chambres, à laquelle ils en appelèrent, cassa l'arrêt; et, de cette façon, le loyal Pibrac ne supporta point la peine qu'avaient encourue sa droiture et son courage.

N'allait-il pas, du moins, être rendu plus prudent par le danger qu'il venait d'éviter? N'était-ce point là une leçon dont allait profiter sa sagesse? Non. Pour de telles âmes, une certaine prudence n'est que de la lâcheté, et Pibrac était, certes, incapable de transiger avec sa conscience. A Henri II avait succédé François II, et après le débile époux de Marie Stuart, Charles IX était monté sur le trône. Les rois mouraient et cependant la lutte était toujours aussi violente dans leur royaume. A cette heure, la France subissait une crise terrible, décisive. Le papisme et le calvinisme, l'épée au poing, allaient se disputer le pays et, en attendant, ils se disputaient les esprits. D'un bout à l'autre de la France, la question religieuse, cette question primordiale si souvent traitée d'une façon tragique et qui semble

dominer encore aujourd'hui les questions politiques, cette question vitale était posée. Pouvait-on la résoudre pacifiquement? La cour de
Rome s'opposait avec une indomptable énergie
à toute concession. Plus intelligents des besoins
de l'Europe, la France, l'empereur Charles-Quint
et l'électeur de Bavière demandaient que des ré-
·formes fussent introduites dans l'Église, par
exemple qu'on autorisât les laïques à communier
sous les deux espèces, qu'on abolît le célibat
ecclésiastique, qu'on supprimât l'interdiction de
manger certains aliments, qu'on déclarât enfin,
ce qui était plus grave, que la dignité et les
droits des évêques viennent de Dieu et non du
pape. Le nombre des prélats italiens envoyés à
Trente pour régler le différend, et l'attitude du
cardinal de Lorraine, allaient rendre toute conci-
liation impossible, et le concile de Trente devait
finir par le terrible cri d'*anathème à tous les héré-
tiques,* poussé par le cardinal lorrain. Ce concile,
où naquit la Ligue et dont les arrêts allaient, on
l'a dit avec raison, prendre aux yeux des catholiques l'autorité d'un livre symbolique, devait
donc consommer à jamais la rupture des protestants avec l'Église romaine. Et que de sang,
hélas, allaient faire couler ses décrets!

Mais, du moins, avant qu'ils eussent été signés,

les représentants du roi de France, Arnould du Ferrier et Pibrac, — deux de ces conseillers enfermés naguère à la Bastille, deux compatriotes, deux enfants de Toulouse, — avaient dû faire, en plaidant pour l'*Église gallicane,* respecter à la fois et la liberté de la pensée et la dignité de leur pays. Ces deux ambassadeurs de Charles IX au concile de Trente (1562) y arrivaient précédés d'une réputation d'indépendance qui éveillait déjà les soupçons de la cour de Rome. Du Ferrier, qui devait plus tard se faire calviniste, et Pibrac, célèbre par l'attitude qu'il avait eue au Parlement de Paris, trois ans auparavant, furent reçus assez froidement au concile, mais leur fermeté devait peu s'en inquiéter. Pibrac, d'accord avec du Ferrier et Saint-Gelais, seigneur de Lansac, rédigea une allocution qui devait faire connaître aux Pères réunis en concile la mission qui motivait l'arrivée à Trente des ambassadeurs de Charles IX. Le roi espérait, disait-il, que la *vraie religion,* affligée depuis cinquante ans de tant d'hérésies, sortirait enfin *rétablie* du concile de Trente. « Après avoir, dit un historien récent[1], tracé le

---

1. Voy. le très-intéressant *Essai sur les diplomates du temps de la Ligue, d'après les documents nouveaux et inédits,* par M. Édouard Frémy (in-18, 1873). ·

tableau des tentations auxquelles des influences
funestes pouvaient faire succomber les prélats,
Pibrac dépeignit la terrible responsabilité et le
mépris qu'encourrait l'assemblée, si son œuvre
n'aboutissait à aucun résultat. Il rappela l'inef-
ficacité de plusieurs synodes, tenus antérieurement en Allemagne et en Italie, ainsi que
la pureté de mœurs et d'intention nécessaire à
des hommes qui tenaient en leurs mains la cause
sacrée. »

« De plufieurs Conciles, ajoutait Pibrac, qui ont
efté tenus, de noftre temps & auparauant, tant
en Allemagne qu'en Italie, la Chreftienté n'a fenty
que peu ou point de fruict, & font les chofes tousiours demeurées en vn mefme, c'eft-à-dire en vn
pauure & miferable eftat. Mais la caufe de ce
malheur ceffe auiourd'huy, & n'a point de lieu,
en cefte prefente affemblée : car les iugements
n'eftoyent pas libres, & y auoit, à l'endroict de
plufieurs, plus de fubiection aux vouloirs des
grands Seigneurs que de liberté de confcience :
ce qui eft, en telle chofe, fort à craindre. Mais
vous, Meffieurs, qui eftes icy affemblez au nom
de Dieu, vous ne recognoiffez autre Súperieur
que l'honneur de Dieu & la tranquillité de fon
Eglife. » — « Si, concluait l'orateur, nous nous
voulons accommoder à la volonté d'autruy, quel-

que Prince ou autre que ce foit, & fi, par ces moyens, nous aimons mieux mecognoiftre la verité qu'embraffer noftre falut & le vray gouuernement de toutes chofes, il ne faut point douter que l'oubliance de noftre deuoir nous priue de la gloire celefte, &, s'il aduenoit qu'en cefte partie y euft de voftre faute, combien que vos vertus nous affeurent du contraire, *les affaires de la religion feroient deplorées de telle forte que nous demeurerions fans efperance d'aucun remede.* » « Cette harangue comminatoire, dit M. Frémy, surprit le concile à tel point que, contre toutes les règles de l'étiquette en pareil cas, lorsque Pibrac l'eut achevée, on se leva silencieusement et aucune réponse ne lui fut faite. »

Il faut demander à Fra Paolo Sarpi (*Histoire du concile de Trente*[1]) des renseignements précis sur l'attitude vraiment digne et ferme de nos ambassadeurs, Lansac, du Ferrier et Pibrac, en cette redoutable entreprise. Le discours de Pibrac lui avait valu, d'un cardinal trop fougueux, le surnom de *hâbleur de palais*. Mais la douceur résolue du conseiller toulousain devait montrer ce que

---

1. *Hiftoria del concilio Tridentino*, traduite en français par Amelot de la Houssaye (1683) et par Le Courayer (1736) qui y ajouta des notes.

peut, pour l'honneur de son pays, un homme qui comprend ce que vaut la dignité de sa patrie.

A cette heure même, le mot de patrie était-il connu? Savait-on bien tout ce qu'il contenait de fierté, de dévouement et d'amour[1]? Savait-on tout ce qu'il fait palpiter de noblesse et de vaillance au cœur de l'homme? Toujours est-il que Pibrac nous offre, à cette heure même, un bel et fier caractère de *patriote*, pour parler comme Saint-Simon, l'auteur des *Mémoires*, qui, le premier, écrivit le mot. Plût à Dieu que tous les ambassadeurs qui ont représenté la France devant l'étranger eussent déployé la moitié seulement de l'intelligence, de la décision, du courage, que déployèrent Pibrac et ses compagnons au concile de Trente!

M. Éd. Frémy en donne encore un exemple où le cardinal de Lorraine, ce *Pape d'au-delà des monts*, comme on l'appelait, joua son rôle aussi,

---

1. Le mot de *patrie* était alors un mot nouveau, fait remarquer M. Édouard Fournier[1]. C'est Joachim du Bellay qui l'avait employé le premier dans son *Traité de la défense et illustration de la langue française*. En 1576 on le regardait encore comme un néologisme. « Le nom de *Patrie*, disait alors Ch. Fontaine, eſt *obliquement* entré & venu en France nouuellement. » (*Quintil cenſeur.*)

1. *Variétés historiques et littéraires*, t. IX.

par orgueil personnel plutôt que par patriotisme :

« La fête de saint Pierre allait bientôt avoir
lieu, et tous les ambassadeurs présents au concile
devaient assister à l'office solennel qui se célé-
brerait à Trente, à cette occasion : on con-
vint de faire sortir, en même temps, de la
sacristie « plufieurs clercs qui deuoient regler
« leur marche de telle forte que, contrairement
« aux anciens priuileges de nos reprefentants, la
« paix & l'encens fuffent prefentez *dans le mefme*
« *moment* aux Ambaffadeurs de France & d'Efpa-
« gne.» M. de Lansac[1], informé, pendant la messe,
de la présence du comte de Luna dans l'église,
ayant su qu'on lui préparait « vn fiege au-def-
fous de celuy des Legats, » fit aussitôt mander le
maître des cérémonies et le questionna au sujet
de l'ordre qu'on devait observer, ainsi que sur
la place qu'on réservait à l'Ambassadeur espagnol. Notre représentant, apprenant qu'on avait
résolu de rendre à M. de Luna les mêmes honneurs qu'aux ambassadeurs de France, se leva
indigné; tous les Français firent de même, et le
trouble devint tel dans l'église, que le prélat
qui officiait[2] dut s'interrompre.

1. L'ambassadeur de France.
2. C'était Mgr d'Aoste, ambassadeur de Savoie.

« Le cardinal de Lorraine, prenant la parole, en présence des prélats qui s'étaient retirés, ainsi que lui, dans la sacristie, s'éleva, avec une énergie inattendue, contre cette violation des droits traditionnels de nos ambassadeurs. Contrairement à la politique ultramontaine qui avait été, jusqu'alors, la règle de sa conduite au concile, il déclara « que les Ambaſſadeurs, en pareille occur-« rence, auoient ordre formel de proteſter publi-« quement, non contre les Legats, qui depen-« doient abſolument du Pape dont ils executoient « les commandements, ni contre le Concile, qui « n'eſtoit point libre, ni contre le Roy d'Eſpagne, « qui, mal renſeigné ſur l'incident, pourſuiuoit « ſes pretentions, mais contre tous ceux qui « auoient oſé attenter à des priuileges auſſi an-« ciens que la couronne de France. »

« Ces paroles, prononcées dans une église, le jour de la fête de saint Pierre, soutenues par l'éclat de l'éloquence du prélat et la puissance de la maison de Lorraine, firent trembler les légats. Ils tinrent une conférence où, pour apaiser, du moins provisoirement, les Français, eu égard à la sainteté du lieu, ils décidèrent que l'encens et la paix ne seraient, ce jour-là, présentés à personne. Grâce à ce tempérament, Mᵍʳ d'Aoste put remonter à l'autel, et la cérémonie se termina sans appareil, il est vrai, mais du moins sans trouble, le comte de Luna étant parti pour éviter les violences qu'on craignait de voir se renouveler, lors de sa sortie[1]. »

Pibrac et du Ferrier n'en avaient pas moins vivement protesté, dès l'abord, contre l'oubli du saint-siége. Ils ne laissaient rien passer de ce qui pouvait porter atteinte à la dignité du roi de France. On lit dans leur mémoire, rempli de leurs plaintes, que Pie IV, « *en lieu de pain, donnoit des scorpions à son Fils aîné* (Charles IX); *qu'on deuoit reietter sur luy la coulpe de tout ce qui est faict à leur Prince, qu'on priue de l'honneur qui luy est deu.* » Le pape devait au surplus, par la bouche du cardinal de Lorraine, se plaindre de ces ambassadeurs qui refusaient de contre-signer les arrêts du concile.

Le cardinal s'adressa à Charles IX, et, protestant contre Pibrac et son compagnon « qui avaient, selon lui, fait preuve d'un emportement au moins inopportun, il conjurait le roi de leur ordonner de revenir au concile pour assister à sa conclusion et pour apposer leur signature sur les rôles réservés aux ambassadeurs. De leur côté, du Ferrier et Pibrac écrivaient à Paris afin de justifier

1. *Diplomates du temps de la Ligue.*

leur conduite, basée, d'après eux, sur leurs instructions.

« Le roi s'empressa de leur donner raison, s'appuyant sur ce que le cardinal n'avait pas assez approfondi la question. Il aurait été de leur avis, ajoutait-il, s'il avait entendu les propositions des légats qui avaient provoqué cette protestation.

« Pour ce que, écrit Charles IX aux ambassadeurs,
« il me femble, par tout ce que mondit coufin
« m'en a mandé & ecrit, qu'il n'a pas veu le con-
« tenu defdits articles, ne entendu aucune chofe
« des raifons qui vous ont contraint à ladite
« oppofition, i'ay fait dreffer vn memoire de tout
« ce qui s'eft paffé, en cette affaire, que luy porte
« le fieur de Maune prefent porteur, pour luy iufti-
« fier & monftrer que ce que ie vous ay mandé
« & ce que vous auez fait, en ladite oppofition,
« n'a pas efté fans grande & meure deliberation
« & jufte occafion. Et vous enuoyant auffi vne
« copie, ie ne vous diray rien là-deffus dauantage,
« finon que i'ay bien agreable ce que vous en auez
« fait, & mefme que vous en foyez venus à
« Venife, d'où vous ne partirez (i'entends quant
« à vous, du Ferrier, car, quant au fieur de
« Pibrac, ie luy ay accordé le congé qu'il m'a
« fait demander d'aller faire vn tour en fa mai-
« fon) que vous n'ayez autre commandement

« de moy, qui fera, ainſi que ie le mande à mon-
« dit couſin, lors qu'il m'aſſeurera que les Legats
« auront reformé les articles qui concernent mes
« droits, vſages, priuileges & authorités, & ceux
« de l'Egliſe Gallicane, pour n'en eſtre plus parlé ny
« mis aucune choſe en controuerſe ou diſpute[1]. »

Certes, Pibrac avait bien mérité de pouvoir *aller faire un tour en sa maison*, car il avait dignement soutenu les intérêts de son pays et de son roi et il avait tenu au sacré concile la conduite généreuse d'un Français, d'un *franc Gaulois*. Combien, même aujourd'hui, qui n'auraient pas le même dévouement et la même hardiesse! Deux ans plus tard, le chancelier de l'Hospital, qui l'aimait fort et l'estimait entre tous, fit accorder à Pibrac la place d'avocat général au Parlement de Paris, « dans ce ſupreſme Parlement de Paris où, dit Colletet, il fit bien paroiſtre par ſa ſageſſe & par ſon bien dire que iamais homme n'auoit auparauant luy plus dignement remply vne ſi grande charge. »

« Combien de fois, ajoute le même auteur, nos peres l'ont-ils ouy dans ce ſacré temple de la iuſtice deffendre puiſſamment le party de la iuſtice meſme, fouſtenir l'authorité du Prince & des

---

1. *Instructions et Lettres des Rois Très-Chrétiens, etc.*, citées par M. Frémy.

loix, parler courageufement du debuoir des iuges
& des magiftrats, faire efclatter la maiefté de
leur tribunal, propofer l'idée & le modele d'vn
excellent aduocat des parties, corriger les abus
des greffes & des procedures, & finalement dif-
tinguer les debuoirs de chaque officier de la iuf-
tice, ce qu'il faifoit d'vn langage puiffant &
fleury, fouftenu des plus beaux paffages de l'antiquité, & animé des raifonnements tirez du fein
de la nature & de l'experience qu'il s'eftoit
acquife des chofes. Belles & rares qualitez qu'il
fit encore depuis efclatter dans le priué Confeil
du Roy où il fut admis au nombre d'vn de ces
nobles Confeillers d'Eftat qui n'ont là pour con-
freres que les Princes & les premiers magiftrats
du Royaume. Ce fut là que le féréniffime Duc
d'Aniou, frere du Roy, ayant recognu la force de
fon efprit & fa grande probité, l'obligea par fes
prieres de prendre le foin de fes affaires qui
eftoient extremement embrouillées, d'efclaircir
les biens de fon patrimoine que fes agens & fes
folliciteurs auoient confondus, & de remettre le
tout dans vn bon ordre, ce qu'il fit au contentement de ce Prince auffi bien que les defpendances
meflées de la Comté de Lauraguais dont la Reine,
Mere du Roy, Catherine de Medicis, luy donna
l'entiere adminiftration. »

Pibrac, en dépit des occupations que lui donnaient ses charges et dignités, n'avait garde d'oublier la poésie. Il lui était fidèle et lui réservait ses meilleurs moments, ces heures de recueillement et d'intime joie où l'on ne travaille que pour soi, pour sa propre satisfaction, parce qu'on s'est épris d'un homme ou d'une idée. Et qu'importe alors le succès ou la renommée! On se trace un devoir comme on s'accorderait un plaisir. Pibrac, qui avait déjà rimé des sonnets lors de l'entrée de Charles IX, devenu majeur, dans Paris, publia, en 1574, cinquante quatrains, les premiers, qu'il dit imités de Phocylide et d'Épicharme et qu'il devait faire suivre de quatrains nouveaux jusqu'à atteindre le nombre de cent vingt-six. Il avait commencé aussi, chez lui et pour lui, un poëme, *Les Plaisirs de la vie rustique*, qu'il rimait à ses heures, en son logis, auprès de Jeanne de Custos[1], dame de Tarabel,

---

1. L'éditeur de la *Vie de Pibrac* par Guillaume Colletet, M. Philippe Tamizey de Larroque, nous donne, dans une des notes si savantes et si curieuses qu'il a mises au bas de ce travail, les détails suivans sur la famille de Pibrac :

« Guy du Faur avait épousé Jeanne de Custos, dame de Tarabel, qui mourut longtemps après lui (en 1612). Outre Pierre, mort en bas âge, il en eut deux fils et une fille. Un des fils, Michel, qui prit le titre de seigneur de

sa femme, et de son premier-né, lorsque l'enfant mourut, et Pibrac, accablé, laissa son œuvre inachevée :

> *J'eusse encor pourfuiuy les biens du labourage,*
> *Mais la mort de mon fils m'en ofte le courage*
> *Et trouble tellement de douleur mon efprit*
> *Que i'en laiffe imparfaiā pour iamais cet efcrit* [1].

Pibrac, embrassa la profession des armes et fut tué au siége de Montauban, étant alors mestre de camp d'un régiment de cavalerie. L'autre fils, Henri, seigneur de Tarabel, fut d'abord conseiller au Parlement de Toulouse et mourut premier président du Parlement de Pau. Enfin Olympe fut mariée à un petit-fils du chancelier de l'Hospital, Michel Hurault, seigneur de Belesbat, qui fut chancelier du roi de Navarre. Rappelons ici qu'après la mort du chancelier de l'Hospital (13 mars 1573), Pibrac s'était chargé, avec Jacques-Aug. de Thou et Scévole de Sainte-Marthe, de recueillir ses papiers et de publier ses poésies latines. Les manuscrits confiés à Pibrac passèrent, à sa mort, entre les mains de son gendre, et ce fut ce dernier qui, aidé de Pierre Pithou et de Nicolas Lefèvre, les publia en 1585. Paris, in-folio. » Le travail de M. de Larroque, publié dans la *Revue de Gascogne*, a été mis en brochure (Aug. Aubry, 1871).

1. M. Léon Feugère (*Caractères et Portraits du* xvie *siècle*) fait remarquer que, plus tard, Pibrac songe pourtant à reprendre son travail :

> *Mon ardeur me reprend & ma première enuie*
> *De chanter les plaifirs de la ruftique vie.*

Mais il s'en tint là.

La vie militante de Pibrac était loin cependant d'être achevée. Depuis 1570, il était conseiller d'État; et le 9 mai 1573, le duc d'Anjou, frère de Charles IX, le futur Henri III de France, avait été élu roi de Pologne, le dernier des Jagellons, Sigismond, étant mort sans descendant. Le duc d'Anjou, avant de partir pour la Pologne, voulut se composer une cour toute française, choisissant pour capitaine des gardes ce Larchant qui joua plus tard un rôle si terrible dans la tragédie de Blois, et emmenant aussi Quélus, Saint-Luc, Schomberg, les mignons et les raffinés, Annibal de Coconnas, le brave Crillon, puis un Rochefort, un Dampierre, etc.[1]. C'était là, avec Villequier, le vicomte de la Guierche et d'autres, la *maison militaire*. Pour son chancelier, le duc d'Anjou tint à ce *docte Pibrac*. Il lui adjoignit Sarred pour secrétaire d'État, Pomponne de Bellièvre, et dans cette chancellerie nous rencontrons encore un autre lettré, le poëte Philippe des Portes, qui chantait déjà sa « volage Rosette.» Le grand prieur de Guise se trouvait aussi du voyage. On se figure ce cortége élégant traver-

1. Voyez le *Catalogue des princes, seigneurs, gentilshommes et autres qu'accompaignent le Roy de Pologne.* (Tome IX des *Variétés littéraires* de M. Fournier.)

sant l'Europe pour se rendre au lointain pays de
Pologne. Comme on allait, au delà du Rhin, se
trouver en pays protestants et que la Saint-Barthélemy datait d'un an à peine, le duc d'Anjou
ne se sentait pas fort rassuré. La présence d'un
Guise dans la troupe n'était point faite, on
l'avouera, pour inspirer beaucoup de sympathies
aux populations luthériennes. Et Pibrac lui-même
n'avait-il point composé, hélas, une *Apologie* de
cet épouvantable crime qu'un sceptique du
XIXe siècle[1] allait déclarer tout aussi peu cou-
pable ou tout aussi explicable que le massacre
des Janissaires[2]?

On raconte que, lorsque le duc d'Anjou fut reçu

1. Prosper Mérimée.

2. Cette *Apologie de la Saint-Barthélemy* se trouve,
sous la forme d'une *Lettre sur les affaires de France,*
recueillie par Aignan au tome Ier de sa *Bibliothèque étran-*
gère. Ajoutons bien vite que Pibrac, pendant que le sang
coulait, que les arquebusades retentissaient, lugubres,
avait demandé à Charles IX si son intention *n'était pas*
d'en finir avec tant de meurtres et que ce fut de cette
sorte que les capitaines cinquanteniers et dizainiers purent
mettre en sûreté les huguenots survivants et arrêter les
pillages et les massacres. Il ne composa cette malheu-
reuse *Apologie* d'un odieux massacre que pour en dimi-
nuer l'horreur aux yeux des étrangers. L'histoire n'en doit
pas moins se montrer, sur ce seul point, sévère pour
lui.

par l'électeur Palatin, le premier objet qui frappa la vue du frère de Charles IX fut le portrait de l'amiral Coligni, lâchement égorgé. En l'apercevant, le futur Henri III devint pâle, et son trouble redoubla lorsque l'électeur lui dit froidement, en le lui montrant : « *C'était là, Sire, le plus grand capitaine de la chrétienté !* » L'anecdote est-elle apocryphe? Je ne sais. Elle a tout l'accent de la vérité, et je dirais volontiers à la façon d'Étienne Pasquier : « Je crois que cette histoire est très-vraie, *parce que je la souhaite telle.* »

Pibrac, pendant tout ce voyage de France en Pologne, eut l'occasion de déployer et son zèle et sa science. Ce fut lui qui répliqua, en latin, sans y avoir été préparé, à la harangue de l'évêque de Breslau. « Il s'exprima, dit un de ses biographes, avec tant de bonheur, d'élégance et de présence d'esprit, qu'il remplit les députés d'admiration. »

Nous n'avons pas l'intention de raconter, dans ses détails, cette aventure de Pologne qui peut passer pour la plus étrange de l'histoire. Le récit en a été fait et bien fait par un écrivain de notre temps [1]. Henri de Valois devait rapidement se

---

1. Voy. l'ouvrage de M. le marquis de Noailles : *Henri de Valois et la Pologne.*

repentir d'avoir accepté ce trône, et la mort de
son frère Charles IX allait l'attirer bientôt du côté
de la France. Mais comment pouvait-on quitter
ces nouveaux sujets qui surveillaient leur roi avec
un soin jaloux? Il faut ici, je crois, citer textuel-
lement le curieux récit donné par Guillaume
Colletet dans sa *Vie de Guy du Faur de Pibrac* [1].
Ce travail, qui était conservé à l'état de manu-
scrit à la Bibliothèque du Louvre, a été consumé
dans l'incendie du mois de mai 1871 qui a détruit,
avec les *Vies des poëtes gascons* de Colletet, bien
d'autres richesses littéraires. On sera donc curieux
de retrouver dans notre livre les pages que la
publication de M. Tamizey de Larroque nous a
seule conservées.

Le récit de Colletet a d'ailleurs tout l'attrait
d'un chapitre de roman :

« Pendant cela, dit Colletet, la mort inopinée
du Roy Charles IX eſtant paruenue iuſques en
Polongne, il fut queſtion de prendre de nouueaux
conſeils en de nouuelles affaires. C'eſt pourquoy
Pybrac [2], dans ceſte noble & genereuſe affeſtion
qu'il auoit pour ſa patrie, conſiderant le deplo-

1. Publiée par Ph. Tamizey de Larroque.
2. G. Colletet donne au nom de Pibrac un *y*, mais les
lettres autographes qu'on a conservées de Pibrac n'ad-
mettent pas cette orthographe.

rable eftat où eftoit alors le Royaume de France eftant par les diuerfes factions des Grands que par les differentes inclinations des peuples qui eftoient miferablement confumez d'vne flamme inteftine, & combien la prefence de fon Roy legitime luy eftoit neceffaire; il fut celluy qui preffa fon maiftre de quitter la Polongne où il eftoit detenu prefque captif depuis la nouuelle de la mort du Roy fon frere & d'aller prendre pof-feffion du nouueau fceptre qui l'attendoit, & luy en ouurit les moyens les plus prompts & les plus commodes. Mais comme le Roy fe fut par fes aduis defrobé de la Court, de nuit, & de la ville de Cracouie, accompagné de fort peu de gens, il aduint que Pybrac qui, felon l'ordre donné, s'eftoit auparauant rendu aupres d'vne certaine chappelle ruinée qui n'eftoit pas fort efloi-gnée du grand chemin, ayant prefté l'oreille fur la terre parmy le filence de la nuit fort obfcure, ouit vn bruit de cheuaux qui eftoit en effect la marche du Roy, fon maiftre. Il fe refolut de le fuiure mais d'affez loin pour ne point augmenter par fa prefence, & par vn trop grand nombre de gens, le foupçon que l'on pouuoit auoir de l'eua-fion du Roy. Et ce d'autant plus qu'à l'inftant il fe vid enuironné de quelques Polonois bien montez qui couroient à toute bride apres ce prince fugitif & creut que par son entretien & ses amusements il luy donneroit plus de temps pour se sauuer, ce qui arriua effectiuement puis que des le lendemain ce Prince se rendit heureusement & sans aucun obstacle iusque sur les confins de la Morauie, cependant que Pybrac, s'estant malheureusement fouruoyé du droit chemin, se rencontra dans des bois, dans des marais & dans des solitudes affreuses, & parmy des hommes sauuages & rustiques, qui à la veuë de Pybrac, cet illustre esgaré, commencerent à crier & à hurler effroyablement & à faire assembler par leurs cris tous ceux de leur voisinage, qui, estant aduertiz desia de l'euasion du Roy, creurent que luy & tous les François s'estoient sauuez dans ces lieux solitaires, & dans ceste pensée quelques-vns d'entre eux, poussez de despit & de rage, vindrent à main armée fondre sur la personne d'vng de la suitte de Pybrac, lequel apres l'auoir veu assommé deuant ses yeux sans le pouuoir deffendre, descendit doucement de son cheual, qui d'ailleurs luy estoit inutile parmy des hayes & ces ronces & ces bruyeres, & les trauersant à pied & tout seul le plus secrettement qu'il put, se cacha parmy les ioncs & les roseaux d'vn effroyable fleuue que dans ceste haute persecution son bon genie luy fit heureusement ren-

contrer. Ie dy fon bon genie puis que fans cela
il eut courru la mefme fortune de celluy qu'il
auoit veu cruellement maffacré deuant fes yeux,
car ces barbares l'ayant cherché par tout inutile-
ment le pourfuiuirent à coups de fronde, de traits
& de flefches iufques fur les bords de ce lac
effroyable, & où ne fçachant ce qu'il eftoit deuenu, ils fe retirerent. Pour efuiter l'atteinte de
leurs traits & de leurs pierres, il eftoit contraint
à toute heure de plonger la tefte dans l'eau, où
il demeura miferablement ainfy l'efpace de plus
de quinze heures durant, apres quoy ces lafches
perfecuteurs s'ennuyant de le chercher & ne
fçachant au vray ce qu'il eftoit deuenu, fe retirerent la confufion fur le front & le defplaifir
dans l'ame de ne l'auoir peu rencontrer.

« Apres leur retraitte tant defirée cet illuftre
perfecuté, voyant que tout eftoit calme fur le
riuage, fortit le plus fecrettement qu'il put
de ce lieu aquatique & fangeux, où il laiffa
iufques à fon chappeau & à fes bottes mefmes
dans la boue & dans le limon, & en ce deplorable eftat, ie veux dire nud tefte, nud iambes
& nud pieds, mouillé iufques à la peau, & tout
couuert de limon, il fe traifna feul par les bois
& par des routtes efpineufes, obliques & inco-
gnues parmy les obfcuritez de la nuit dont les

5

efpeffes tenebres offroient encore à fes yeux de
nouueaux fpectacles de crainte & d'horreur,
& luy faifoient d'autant plus apprehender la rencontre des beftes farouches à la mercy defquelles
il eftoit cruellement expofé; & fi bien qu'apres
mille deftours incertains il fe rencontra fur la
poincte du iour aux bords d'vn fleuue rapide
qui n'eftoit nullement gueable; neantmoins en
cefte extremité prenant vn nouueau courage,
& mettant toute fa confiance en Dieu qui n'aban-
donne iamais les fiens, il mit les genoux en
terre &, leuant les mains vers le Ciel, les larmes
aux yeux, il implora le fecours de la toute-puif-
fance tellement que remply d'vn nouueau courage, il arracha vne groffe branche d'vn vieux
arbre, & fe mit fur elle en debuoir de trauerfer
ce fleuue, dont le traiect, felon la cognoiffance
qu'il auoit de la carte, le pouuoit mettre en lieu
de feureté. Mais, helas! comme ce fleuue eftoit
bordé d'vne infinité de rochers mouffus qui fem-
bloient en deffendre le riuage, & qui brifoient
fuperbement l'impetuofité des flots, cet illuftre
nageur fe vid par deux fois rudement repouffé
& prefque enfeuely dans les abyfmes de ce
fleuue impitoyable, lors que s'attachant courageufement à fon arbre & faifant vn nouuel effort
autant que fes forces affoiblies le pouuoient per-

mettre, il fit tant qu'aydé du Tout-Puiffant il arriua miraculeufement à bon port, d'où apres s'eftre feiché au foleil, il trauerfa vne grande & vafte campagne qui luy fut d'autant plus ennuyeufe qu'il n'y rencontra iamais vne feulle ame. Enfin, ayant apperçeu de loin vne certaine petite chaumiere, il s'y en alla tout droiĉt croyant y rencontrer quelque foulagement & quelques viures. Ce lieu affreux eftoit la demeure ordinaire de certains bouuiers lefquels, comme ils eftoient durs & fauuages au poffible, voyant cet illuftre malheureux vagabond à demy nud qui ne pouuoit refpondre aux interrogations qu'ils' luy faifoient en leur langue polonoife, iugerent incontinent que c'eftoit quelque François fugitif qui tafchoit de fe fauuer, & dans cefte penfée il n'eft pas croyable combien ils infulterent lafchement à fa mifere, foit par leurs paroles railleufes & picquantes, foit par des outrages plus fenfibles puis qu'ils eurent bien la hardieffe de luy tordre le nez & de luy donner des coups de poing & des foufflets, & d'autant plus qu'il fouffroit le tout patiemment & fans rien dire, d'autant plus leur iniufte colere s'allumoit contre luy. Et il eftoit bien à craindre qu'ils euffent encore paffé plus auant, fi vne pauure vieille femme, toute ruftique qu'elle eftoit, prenant pitié de luy, ne l'euſt tiré d'entre leurs cruelles mains & ne l'euſt mis dans vn pauure grenier, où elle eut encore la bonté de luy porter du pain & de la bierre eſpaiſſe dont il appaiſa pour lors ſa faim & ſa ſoif merueilleuſes [1].

« Cela faiȼt, apres s'eſtre repoſé quelque temps & voyant que tous ces ruſtiques eſtoient endormis, il ſort ſecrettement de ceſte fatale cabane, & à la faueur des tenebres de la nuit, il prend la premiere route qui s'offrit fortuitement à luy. Et comme au ſortir d'vne grande foreſt, il eut apperçeu dans vne plaine aux premiers rayons du iour naiſſant vn carroſſe qui alloit aſſez lentement, il ſe mit à courir apres iuſques à perte d'haleine. Ce qu'eſtant apperçeu du maiſtre il fit arreſter ce carroſſe tout court pour ſçauoir qui

---

1. Tous ces détails sont empruntés à Ch. Paschal, et ce sont ces mêmes détails qui ont fait dire à La Faille (*Annales de Toulouse*, t. II, p. 385) que la *Vie de Pibrac*, par Paschal, « eſt remplie d'avantures ſurprenantes, & qui ſemblent tenir du Roman, quoique tres-véritables. » De Thou a résumé le récit de la fuite de Pibrac (p. 73 et 74 du tome VII). Ce récit a été résumé de nouveau (p. 468 du tome VI des *Pièces intéressantes et peu connues pour servir à l'histoire et à la littérature*) par La Place : *Particularités historiques concernant Guy du Faur, seigneur de Pibrac*. (Note de M. Tamizey de Larroque.)

estoit celluy qui se mettoit tant en debuoir de l'approcher. Mais, ô Dieu! de quel estonnement ne fut-il point saisy lors qu'il apperçeut l'illustre de Pybrac en vn estat si deplorable & si changé, luy qui l'auoit veu à la Cour en vn si haut estat de gloire! A l'abord d'vn si grand homme, mais si mal mené de la fortune, celuy-cy qui se nommoit Stanislas Sandiuoge, grand referendaire du royaume de Polongne, qui estoit homme courtois & affable au possible, & au reste, intime de Pybrac met aussytost pied à terre pour l'embrasser, & apres quelques petits mais affectionnez compliments, le faict monter dans son carrosse & l'accommoder de toutes les choses qui furent alors en son pouuoir, & le conduisit ainsy iusque sur les confins de la Pologne où il s'en alloit mesme donner ordre à quelques affaires importantes à cet estat. Et ce fut là qu'apres y auoir ouy dire que le Roy son maistre estoit arriué en pleine santé iusque dans la Morauie, comme si ceste heureuse nouuelle eust esté l'adoucissement de tous ses maux, il ne put s'empescher d'en pleurer de ioye & d'oublier alors ses trauerses passées. »

Colletet raconte encore de quelle façon Pibrac, menacé de mort par des sénateurs polonais venus au-devant du référendaire et indignés de la fuite

du roi, les désarma par sa résolution et son
« incroyable constance. » Le conseiller put enfin
rejoindre Henri III à Vienne en Autriche; et
même, en 1575, il osa retourner une fois encore
en Pologne, essayant vainement de conserver
au roi de France un trône dont les Polonais
déclarèrent déchu Henri de Valois.

De retour en France, Pibrac, toujours enflammé du bien public, poussait la Cour à traiter
de la paix avec les protestants. Ce *franc Gaulois*
gémissait de voir la patrie livrée à ces plaies
effroyables : la guerre civile et l'ennemi. Aussi
bien, en 1576, dut-il éprouver une immense joie
lorsqu'il négocia cette paix tant désirée et, —
chose singulière, qui marque bien l'état des na-
tions à de certaines heures douloureuses de leur
histoire, — lorsqu'il la négocia avec son propre
frère, Louis du Faur, seigneur de Gratens, chancelier du roi de Navarre et chargé des intérêts
du parti huguenot[1].

L'année suivante, Pibrac était nommé président à mortier surnuméraire; mais comme il
avait jadis demandé la suppression de pareilles

---

1. Une note de M. L. Feugère nous apprend que ces
traités, signés de la main des deux frères, sont conservés
à la Bibliothèque nationale (Voy. les *Caractères et Portraits du* xvie *siècle*).

charges, il n'accepta celle-ci que sur un ordre du roi. Faut-il insister sur la beauté et l'unité d'un tel caractère, fait de douceur résolue et de bonté mâle? Pibrac nous apparaît ainsi comme le modèle de l'intégrité et de la mansuétude qu'on demande à l'homme investi d'une telle magistrature.

Cet honneur que recevait Pibrac n'était point d'ailleurs le dernier. La reine Marguerite de Navarre, femme de Henri IV, le choisit pour son chancelier, et c'est ici que se place l'épisode le plus romanesque et le moins facile à éclaircir de la vie de Pibrac. Quoique très-voisin de la cinquantaine, épris encore de sa femme, qui devait lui survivre, aimant fort ses enfants, Pibrac ne se laissa-t-il point, aux côtés de la séduisante Marguerite, atteindre par les feux de ce qu'on a appelé l'été de la Saint-Martin? Il était fort joli homme, le front vaste, le teint pâle, et, à cinquante ans, conservé par sa noble vie de devoir. Et d'ailleurs, le bois sec brûle mieux que le vert, a dit Ronsard[1]. Il est bien probable que Pibrac s'était laissé prendre aux attraits, à la grâce capiteuse de cette galante et corrompue reine de

1. On peut voir le portrait de Pibrac dans les galeries hautes du Musée de Versailles, près de celui de M. de Bellegarde.

Navarre. Il l'avait accompagnée à Pau ; il avait été séduit par sa parole, peut-être aussi par ses éloquentes lettres qui faisaient rire Brantôme de celles du *pauvre Cicéron.* Le Béarnais, fort peu puritain en ses propos, ne se cachait point pour déclarer que Pibrac, *ce vieux ruffian de Pibrac,* avait été amoureux de sa femme. Chateaubriand rapporte crûment ces paroles de Henri IV, d'après l'auteur du *Divorce satyrique :* « De quelques-uns de ses amants elle se moquait, comme vous diriez de ce « vieux ruffian de Pibrac, » que l'amour avait fait devenir son chancelier, duquel pour s'en moquer elle me montrait les lettres. » Que si les paroles de Henri IV sont authentiques, le roi, il faut l'avouer, avait la mémoire courte et ce n'était point l'amour qui avait fait devenir Pibrac chancelier de Marguerite ; c'était bien elle, tout au contraire, qui avait demandé le concours de Pibrac. Pibrac rendait même de signalés services à Henri, puisqu'il administrait les biens que le roi de Navarre possédait en Flandre.

Toujours est-il que la passion de Pibrac pour la reine était connue, puisque l'annaliste Lafaille avait entendu répéter ces vers composés du vivant même de l'auteur des *Quatrains :*

J'eſtois Preſident,
Reyne Margot, Marguerite,

J'eſtois Preſident,
En la Cour du Parlement;
Ie m'en ſuis desfaìt,
Reyne Margot, Marguerite,
Ie m'en ſuis desfait,
Pour eſtre à vous tout à fait.

La séduisante Marguerite devait, au surplus, se montrer assez ingrate et cruelle envers ce fidèle serviteur qu'elle a accusé dans ses *Mémoires* « de jouer au double[1]. »

L'histoire a conservé, à ce propos, deux lettres importantes que la reine de Navarre adressa à Pibrac, qu'elle osa accuser de trahison. Elles fournirent au chancelier l'occasion d'une réponse fière et superbe dans sa tristesse.

« Monſieur, écrivait Marguerite au sieur de Pibrac, ie m'eſtonne infiniment que ſoubs vne ſi doulce apparence, il y puiſſe auoir tant d'in-

---

1. « M. de Pibrac qui iouoit au double; me diſant à moy, que ie ne debuois ſouffrir d'eſtre brauée d'vn homme de peu comme cettuy-là (un certain du Pin), &, quoy que ce fuſt, qu'il falloit que ie le fiſſe chaſſer; & diſant au Roy mon mary, qu'il n'y auoit apparence que ie le priuaſſe du ſeruice d'vn homme qui luy eſtoit ſi neceſſaire; ce que M. de Pibrac faiſoit pour me conuier à force de deſplaiſir de retourner en France, *où il eſtoit attaché à ſon eſtat de Preſident & de Conſeiller au Conſeil du Roy.* » (*Mémoires de Marguerite de Valois,* publiés par Ch. Caboche, p. 115.)

6

gratitude & de mauuais naturel. Ie fçay le bruiĉt que vous aɥez faiĉt courir, que ie voulois retourner à la Cour : ce que penfant que ie pourrois defcouurir & fçauoir à quelle intention c'eftoit, vous l'auez voulu preuenir par vne lettre, m'efcriuant que le Roy s'en eftoit enquis de vous, & que vous luy auiez refpondu que, s'il luy plaifoit me donner les frais de mon voyage, que cela feroit : qui eftoit pour me rendre moins defirée & plus odieufe. Mais pour ce coup vous ferez trompé, penfant me rompre mon deffein : car vous en auez efté fort mal aduerty. Il paroift trop combien vous voulez vous oppofer à tout ce que vous penfez que ie defire, ou en quoy vous cuydez que ie puiffe auoir de l'vtilité : car lors que M. de Gratens eftoit là[1], vous luy fiftes efcrire au Roy mon mary « qu'il fe gardaft bien de me laiffer aller, qu'il « ne fçauroit rien faire qui luy fuft plus preiudi- « ciable; » & à moy, vous ne m'auez rien efcrit ni mandé qui ne fuft pour me defefperer de la bonne grace du Roy & pour m'ofter toute attente que ie pouuois auoir de recepuoir aucun bien de luy : m'efcriuant fouuent qu'il n'y auoit

1. Gratens était, nous l'avons vu, le frère de Pibrac.

de l'argent que pour trois ou quatre mignons ;
que tout ce qu'on demandoit de ma part eſtoit
refuſé, & que ie ne deuois faire nul eſtat de luy,
que pour en auoir tout le pis qu'il ſe pourroit.
Ces paroles m'a diĉtes Fredeuille de voſtre part.
Par Cambronne vous me mandaſtes que le Roy
ne vouloit ouïr ſeulement nommer mon nom
& qu'il auoit defendu de me ſeruir. Non ſeulement à ceſte heure, mais, la Royne eſtant en ce
pays[1], vous me diſiez de meſme, interpretant
tout ce que vous pouuiez apprendre d'elle à ce
ſens, diſant qu'ils ne m'aimoient point tant.
Mais ce n'eſt que deſiriez auſſi que ie ſois auec
le Roy mon mary : car vous n'auez moins pris
de peine de me deſeſperer de ſon amitié, & de
me mettre mal auec luy, m'ayant à Pau, pour
la diſpute que nous euſmes pour la religion
catholique, *rapporté qu'il vous auoit diĉt des
paroles, qu'il m'a iuré n'y auoir iamais penſé :
leſquelles ſi elles euſſent eſté veritables, ie n'euſſe reçeu
le traitement que i'ay touſiours depuis reçeu de luy.* »

Elle continue :

« Tous ces mauuais offices ſont la recompenſe
de la fiance que i'auois de vous, m'y repoſant de

---

1. Le voyage de Catherine était de l'année 1578, et même
de 1579. (Note de M. Caboche.)

toutes mes affaires, & ne vous ayant iamais recherché que bien & contentement : ce que pour mon peu de moyen, ie n'ay pu vous tefmoigner comme ie l'eufle defiré; mais ie ne penfe y auoir rien obmis de ce i'ay pu. Il n'eft vacqué benefice, depuis que i'ay mes terres, que ie ne vous l'aye donné. Vous ne les auez voulu difputer, pour ne m'en auoir obligation, & auez mieux aimé vous en accommoder auec ceux qui y pretendoient, pour me faire perdre mes droits. Ce font d'eftranges traicts pour vn homme d'honneur tel que vous eftes & qui feroient peu à voftre aduantage, venants à la cognoiffance d'vn chafcun; ce que ie ne voudrois, encore que ie ne puiffe auoir honte de m'eftre trompée en vos doulces & belles paroles, n'eftant feule au monde qui fuis tombée en tel accident; lequel me pefe de fi longtemps fur le cœur (que i'ay trop contraire à toute infidelité pour le pouuoir fupporter), que ie ne me fuis pu plus longtemps empefcher de m'en plaindre à vous-mefme, où ie ne veux aultre tefmoin que voftre confcience pour iuger, felon voftre profeffion & eftat, le tort que vous auez d'auoir vecu auec tant d'ingratitude & infidelité.

« Ie prie Dieu, monfieur de Pibrac, *qu'il vous rende à l'aduenir plus confiant à vos amis.*

« I'oubliois à vous dire que i'ay fçeu qu'auez dict à plufieurs que, lors que m'enuoiaftes ce bel aduertiffement du mois de mars, ie vous auois efcrit que i'auois faict vn fonge que l'on me tuoit, & que ie m'en eftois efueillée en apprehen-fion & effroy. Ie m'eftonne comment vous auez pu inuenter cela, car vous fçauez qu'il n'eft point, & cependant vous l'auez faict courre. Ie vous prie, laffez-vous de ces offices; car ie me laffe fort de les endurer. Voftre meilleure & moins obligée amye.

« M. »

« Pibrac, dit M. Caboche, à qui nous emprun-tons ces documents, n'essayera pas de lui répon-dre légèrement et à la hâte, car il est malade : « quand il fera retabli, c'eft-à-dire dans fix ou « fept iours, il entrera en plus longue confidera-« tion & difpute des crimes & accufations dont fa « lettre le charge. » Dans sa première douleur, il ne veut lui dire que deux choses. Il la remercie de lui avoir déclaré les occasions qu'elle avait de le haïr; et il veut qu'elle tienne pour assuré que, si en tant d'accusations « il recognoiffoit vn « feul poinct de faute en fon cœur, il fe donneroit « luy-mefme d'vn poignard dans la gorge... » Elle lui répond avec plus de calme et de sang-froid :

elle n'oublie pas qu'elle est la maîtresse, elle garde ses avantages, et lui dit avec une dédaigneuse sécheresse : « Vne iuſtification feroit im« poſſible. » Elle a voulu lui montrer quelle a été sa conduite : « Elle eſpere que le ſouuenir luy en « eſt tres-deſagreable. » Puisqu'il est si souffrant, qu'il n'a pu lui écrire sans faire tort à sa santé, « ie ne doubte point que ceſte maladie & l'impor« tunité du continuel exercice de mes ſceaux ne « fiſt beaucoup de tort à voſtre ſanté, de laquelle « n'eſtant moins ſoigneuſe que vous l'auez eſté de « mon repos, *ie vous prie me renuoyer mes ſceaux*... » Et elle termine par le même souhait que Pibrac avait placé à la fin de sa lettre : « Ie prie Dieu, « monſieur de Pibrac, qu'il vous donne ce qu'il « cognoit vous eſtre neceſſaire. Voſtre moins obli« gée amye.

« M. »

« Ce dur congé est daté du 25 septembre 1581. La réponse partit de Paris le 1er octobre : elle reprend mot à mot toute l'accusation, se promettant de n'apporter aucun artifice de langage, ni ornement de paroles pour ne faire tort à la vérité. Elle suit chaque reproche, souligne, partage tous les griefs pour n'en pas oublier un seul, et les suit pied à pied, s'efforçant de trouver explication et justification à tout. La pièce est longue, on le comprend bien : mais il y a une certaine éloquence simple et soutenue, point trop laborieuse, quoiqu'elle reprenne pas à pas la marche d'un autre. Et d'abord, la princesse n'a pas craint de montrer au roi de Navarre l'accusation dont il lui a plu l'accabler : elle l'a montrée encore à beaucoup d'autres. Il pourrait demander qu'une pareille publicité fût donnée à ses lettres. Son respect est tel qu'il n'en fera pas de même pour ne point communiquer à personne les torts qu'il va réfuter. Si elle veut continuer à le haïr, ce sera par un jugement de Dieu qu'il n'est donné ni à elle ni à lui de comprendre[1]...

« Elle lui reproche d'avoir rapporté des paroles comme ayant été tenues par le roi son mari, et que ce prince a niées depuis. Pour lui, il a la mémoire bonne : « Il n'eſt beſoin de vous ramen- « teuoir l'occaſion du dict propos, laquelle ie « deſire eſtre enſeuelie d'vn eternel oubli : mais « ie puis dire auec honneur que lors » (à Pau, quand Marguerite voulait faire éloigner du Pin qui prétendait lui retrancher la messe) « le

<hr/>

1. Voy. l'édition de M. Ch. Caboche. Il faut aussi consulter l'édition des *Mémoires et Lettres de Marguerite de Valois*, publiés par M. Guessard dans la collection de la *Société de l'Histoire de France.*

« Roy voftre mary & vous, eftiez merueilleufe-
« ment paffionnés, vous, d'vne iufte colere,
« luy, d'vn ennuy & fafcherie non petite; l'vn
« & l'aultre ne cognoffiez pas fi bien voftre mal
« que ceux qui eftoient pres de vous, & qui
« eftoient tres-marris. Il n'y a rien auffi qui
« nous efloigne tant de nous-mefmes que ces fu-
« rieux bouillons de l'ame que nous appelons paf-
« fions; mais fi lors que l'orage fut paffé & le
« temps deuenu calme, il fembla bon au Roy de
« Nauarre de ne recognoiftre point pour fiens,
« certains mots, que ie penfois auoir entendus
« & reçeus de fa bouche pour vous les redire ; ie
« n'en fçaurois eftre marry; ains fuis tres-aife
« d'en auoir efté defaduoué, puis que le fruict
« de ce defaueu eftoit de vous vnir de plus en
« plus en l'amitié... »

« Voici un autre passage où il met assez bien
l'accusation en contradiction avec elle-même :
« La contrarieté & repugnance des chofes, que
« vous m'imputez, monftre qu'il vous fuffit de
« me haïr, fans prendre ferme pied & fans fça-
« uoir à quoy vous arrefter. Choififfez l'vne ou
« l'aultre de ces deux accufations, s'il vous plaift;
« encore vous montreray-ie qu'il n'y en a pas
« vne, qui ne me foit honorable; car, s'il m'eft
« arriué de vouloir que vous demeuriez en Gaf-

« cogne, de quoy pouuez-vous vous plaindre de
« moy en cela, puis que c'eſt le moyen de ne
« vous point diſtraire d'vne compagnie tant
« agreable à vous que celle du Roy, voſtre mary?
« Si, au contraire, i'ay deſiré de vous voir arri-
« uer en ceſte Cour, comme ie confeſſe l'auoir
« faiᵭ, vous ne m'en deuez ni pouuez blaſmer,
« puis que ie vous ay ſouhaité pour quelque
« temps en vn lieu où les plus grandes affaires
« du monde ſe deſmeſlent, où voſtre prudence
« peut plus reluire qu'ailleurs, où vous pouuez
« eſtre plus vtile au Roy voſtre mary qu'en
« quelque aultre part que ce ſoit & où vous eſtes
« recognue pour digne inſtrument d'entretenir
« l'amitié de vos freres, & par conſequent procu-
« rer le bien & ſalut du Royaume. »

    « Enfin, Pibrac se relève avec fermeté du dé-
dain de Marguerite. Il lui rappelle qu'il l'a bien
servie, qu'il n'a pas eu plus de dévouement pour
ses enfants; qu'elle lui a un jour parlé comme à
un père. « C'eſt, dit-il fièrement, ce qui m'at-
« triſte le plus, voyant le traitement que vous
« me faites; car, ſi ie feuſſe entré en voſtre ſer-
« uice auec l'intention de la plus part de ceux qui
« ſeruent les Roys & les Princes, il ne me chau-
«. droit gueres de vous voir changer de volonté
« en mon endroit & receurois ce traiᵭ comme

« chofe ordinaire, de laquelle on doit faire eftat
« des le premier iour du feruice. » Voici encore
un dernier sentiment qu'on regrette que Pibrac
n'ait pas plus tôt consulté et suivi : « Mon bien
« & mon honneur eftoit, Madame, de demeurer
« continuellement pres du Roy, puis qu'il luy plaift
« me faire cefte grace de me voir de bon œil,
« comme vous fçauez qu'il faifoit lors que ie par-
« tis pour vous fuiure en Guyenne. *L'occupation*
« *digne de mon aage & de ma profeffion eftoit d'af-*
« *fifter affiduement au Confeil d'Eftat de Sa Ma-*
« *iefté, ou en fon Parlement, & non de quitter l'vn*
« *& l'aultre exercice pour ouïr les plaintes de voftre*
« *pouruoyeur & m'occuper en chofes beaucoup moin-*
« *dres, lefquelles neanmoins ie n'ay iamais defdai-*
« *gnées pour voftre feruice.* »

Il y a une grande amertume et une mélancolie
résignée dans le regret que Pibrac exprime de
s'être occupé « *de choses moindres* » que celles
qui devaient solliciter son intelligence. L'âme ai-
mante de Pibrac s'était sentie profondément
atteinte et blessée par l'ingratitude de Marguerite. Le président de Thou et Pierre Pithou, les
hôtes de Pibrac en son château, purent même
recevoir les amères confidences de ce cœur ulcéré.
On peut dire que le malheureux Pibrac, ainsi
soupçonné, injurié dans ses sentiments, attristé

par la façon dont Marguerite lui avait réclamé
ses sceaux, reçut là une première atteinte du mal
qui devait l'emporter. Dès lors, pris d'une sorte
de mélancolie sombre, ou plutôt d'une maladie
de langueur, après avoir essayé de suivre en qualité de chancelier le duc d'Alençon en Flandre,
il revint à son château, à ses *coteaux vineux* et à
ses *clairs ruisseaux* de Pibrac, et, brisé par le
spectacle que lui donnait la patrie déchirée, il
semblait, le cœur broyé, désintéressé à jamais
des affaires publiques au point que son ami
Étienne Pasquier était forcé de lui conseiller de
rentrer aux affaires et de se résoudre « à viure
& mourir comme bon citoyen auec noftre Eftat. »
La tristesse de Pibrac en ces heures suprêmes se
fait jour dans une lettre datée de Cambrai (13 octobre 1583) et qu'il écrivait à l'ambassadeur du
duc d'Alençon dans les Pays-Bas, M. des Pru-
neaux[1]. Les désillusions du conseiller lui dictent
d'assez cruels aveux : « On promeêt affez, dit
Pibrac, mais quand il vient que les occafions
s'offrent & les moyens pour executer & accomplir ce que l'on a promis, il y a icy de *fy bons
ouuriers d'excufes* & de remifes de iour à autre,
que ie pers quafy efperance de tout, que l'on

---

1. Publiée par M. T. de Larroque.

obtienne aucung effeſt tant que vous ſerez abſent. C'eſt grande pitié, Monſieur, & grand
creue-cœur de ſeruir ſy bien que vous faiſtes,
& eſtre ſy mal recongneu. Ie ne vouldrois, Monſieur, vous deſcourager de demeurer encores au
lieu où vous eſtes, & où ie ſçay bien que vous prof-
fitez & ſeruez à ſauuer noſtre honneur, & excuſer nos faultes, mais ie ſçay bien auſſy qu'il eſt
impoſſible d'y durer ſans eſtre aultrement aſſiſté
& ſecouru que vous n'auez eſté iuſques icy & que
ie n'eſpere que vous ſerez. Croyez, Monſieur,
que i'en reçois beaucoup de deſplaiſir & faiſtes
moy ce bien de croire que ie vous feray toutjours
de bien bon cueur ſeruice, me recommandant
ſur ce à voz bonnes graces. »

Mais c'est dans les *Lettres* éloquentes de Pasquier qu'il faut chercher la trace de ces mélanco-
lies patriotiques et l'écho des gémissements que
faisaient pousser à des hommes tels que l'Hospital, Pasquier, Pibrac, les malheurs et les dis-
sensions de la patrie. « *Il y a deux grands camps
par la France,* » s'écriait douloureusement Pasquier. Et il voyait là le *commencement d'une tragédie* qu'il devinait profondément douloureuse.
Pibrac pensait de même, à coup sûr, et cette
pensée lui tenait à l'âme. A l'apparence, il semblait oublier; à la vérité, il mourait de ses sou-

venirs. Le scepticisme aimable et tendre d'un
Montaigne peut faire prendre patience en des
temps pareils. La tristesse mâle et l'accablement
d'un Pibrac courbent lentement ceux qui en sont
attaqués.

Ainsi la santé de Pibrac s'était altérée d'une
façon irrémédiable. A cinquante-cinq ans à peine,
le 27 mai 1584, cet homme probe et fier rendait
le dernier soupir, *par la violence de fièvre,* dit un
contemporain[1], la même année que Pierre de
Foix; et l'auteur des *Essais* pouvait dire alors :
« Ie ne fçay s'il refte à la France dequoy fubftituer vne autre couple pareille à ces deux Gafcons[2]. »

1. F. Pierre Pain-et-Vin, docteur en théologie.

2. Il faut citer tout entier cet éloge de Pibrac par Montaigne (*Essais,* 1595, l. III, ch. ix) : « Ainsi en parloit
le bon monfieur de Pibrac, que nous venons de perdre :
vn efprit fi gentil, les opinions fi faines, les mœurs fi
douces. Cette perte, & celle qu'en mefme temps nous
auons faicte de Monfieur de Foix, font pertes importantes
à noftre couronne. Ie ne fçay s'il refte à la France dequoy fubftituer vne autre couple, parcille à ces deux
Gafcons, en fyncerité, & en fuffifance, pour le confeil de
nos Roys. C'eftoyent ames diuerfement belles, & certes
felon le fiecle, rares & belles, chacune en fa forme.
Mais qui les auoit logees en cet aage, fi defconuenables
& fi difproportionnees à noftre corruption, & à nos tem-
peftes? »

II.

Nous avons, je crois, suffisamment fait connaître l'homme politique dans Pibrac; il nous reste à parler du littérateur, c'est-à-dire de l'orateur et du poëte. C'est peu de chose que l'éloquence pour la postérité. L'avenir ne peut toujours comprendre ce qui a fait, aux yeux des contemporains, le prix d'une harangue, l'irrésistible force d'un discours. Le geste, le débit, la voix, tout ce qui séduit et enflamme manque, à la fois, et l'on peut dire que, devant l'œuvre de tout orateur, on devrait répéter le mot du rival de Démosthènes parlant de l'orateur grec : « Il eût fallu entendre *la bête féroce* elle-même! » Chez Pibrac, la « bête féroce », au dire des contemporains, était singulièrement attirante et sympathique. L'orateur plaisait en lui par un mélange de douceur et de conviction qui pénétrait, se glissait, en quelque sorte, dans l'âme des auditeurs. C'est précisément à Démosthènes lui-même, dont il n'eut jamais les foudres superbes, qu'on le comparait le plus souvent, quelquefois

pour lui donner le premier rang. Sainte-Marthe,
en ses *Éloges des hommes illustres,* le regarde
comme le plus remarquable des orateurs de son
temps : *Omnem christianum orbem eloquentiæ suæ
fama implevit.* Du Vair lui reproche, il est vrai,
avec quelque raison, l'emploi trop fréquent, dans
ses harangues, des citations latines ou grecques,
qui alourdissent le discours et lui donnent je ne
sais quelle allure pédantesque ; mais ce défaut
n'était point particulier à Pibrac ; le XVIᵉ siècle
tout entier le partagea avec lui, et non-seulement
les orateurs, mais les poëtes. Il semble, en effet,
que l'hellénisme qui emplit les cœurs au moment
de la Renaissance remonte aux lèvres sous la
forme de citations ou d'imitations. Il n'en est pas
moins vrai que le plus grand nombre des hommes
illustres du temps où vivait Pibrac se sont atta-
chés à célébrer son éloquence et sa séduction.
Du Bartas, dans la dédicace du poëme *Le
Triomphe de la Foy* (p. 128 des *OEuvres complètes,*
édition de 1614), s'adresse ainsi au conseiller
du roi et célèbre à la fois en lui l'orateur et le
poëte :

> *Miracle de nos iours, quand ta langue affinee*
> *Par l'vsage & le sens, parle au nom de nos Rois*
> *Au Concile, au Tudesque, au fourré Polonnois,*
> *Tu fais reuoir le iour à l'eloquent Cynee.*

Tu sembles vn Nestor, quand ta sage parole
Dans le Conseil priué de nos malheurs discourt :
Et quand du grand Paris la souueraine Court
T'oit disputer du droict, tu sembles vn Sceuole.

Puis ta prose Romaine esgale le doux style
De mon limé Saluste. Et quand des doctes Sœurs
Sur ton papier lissé tu verses les douceurs,
Tu me fais souuenir du graue-doux Virgile.

Il y a bien là quelque exagération, mais du Bartas n'est point le seul qui rende un tel hommage à Pibrac, et ce *grand et renommé poëte des François,* Pierre de Ronsard, comme l'appelle Colletet, pour remercier Pibrac de son poëme de *la Vie rustique* qu'il lui avait dédié par un sonnet, lui dédia à son tour le *Tombeau de Marguerite de France,* duchesse de Savoie.

Pibrac, grand ornement de la bande pourprée,
Encores qu'au Palais en la Chambre dorée
Deuant les Senateurs tu ais fait esbranler
Le cœur des auditeurs par ton docte parler,
Sans t'esbranler toy-mesme, estonnant l'assistance
Des foudres qui tomboient de ta viue eloquance :
Encores que ta voix ait fait plier sous toy
Les Sarmates felons haranguant pour ton Roy,
Sans iamais t'esmouuoir de tristesse ou de ioye :
Tu ne liras pourtant ces vers que ie t'ennoye,
Sans t'esmouuoir, Pibrac, & peut estre pleurer,
Quand tu verras des Grands l'estat si peu durer :
Vn vent, vn songe, vn rien, & que toute fortune
Soit de riche ou de pauure, à chacun est commune.

Il lui adressa encore son *Hymne des Eftoiles*
qu'il finit ainsi :

Pibrac, de la belle Garonne
Le docte eloquent nourriffon,
Dont au Ciel vole la Chanfon
Quand il nous chante fa Boconne...

Ce n'était pas tout, et, à dire vrai, Pibrac serait le véritable fondateur de l'Académie française, ou du moins d'un essai d'Académie qui pré-
céda la fondation de l'Académie actuelle. Agrippa
d'Aubigné parle, dans son *Histoire Universelle,*
d'une assemblée que le roi faisait deux fois la
semaine en son cabinet (1576) pour « ouïr les plus
doctes hommes qu'il pouuoit, » et cette assemblée
qui ressemble si fort à une Académie, c'était Pibrac
qui s'était chargé de l'organiser. « Henri III
lui-même savait par cœur des vers de Ronsard,
dit un éditeur du poëte vendômois; et comme
il se piquait d'être un des orateurs les plus élo-
quents de son royaume, ayant voulu établir au
Louvre une assemblée qu'on appela l'*Académie du*
palais, le premier qu'il choisit, *après Pibrac auteur*
de cette entreprise, fut Ronsard. Ceux qui y furent
ensuite appelés, furent le maître des requêtes
Doron, Ponthus de Tyard évêque de Châlons,
Antoine de Baïf, Des Portes abbé de Tyron, dont

8

la renommée commençait, Du Perron qui aspirait au cardinalat, tout en composant des vers amoureux, et enfin quelques dames qui avaient étudié[1]. » On s'imagine ce qui devait s'échanger de jolies choses dans cette assemblée qui fait songer aux entretiens florentins de Boccace ou aux promenades des poëtes sous les oliviers des jardins de Boboli !

Pibrac était donc, on le voit, fort apprécié de ses plus illustres contemporains. L'Hospital, dont il devait plus tard publier les poésies latines et les écrits posthumes (la fille de Pibrac épousa même l'un des petits-fils du chancelier), Ronsard, l'historien de Thou, combien d'autres, appréciaient en lui la séduction du talent et la droiture du caractère[2].

1. Prosper Blanchemain, *Vie de Ronsard. Bibliothèque elzévirienne.* Pp. 38-39 du t. VIII des *Œuvres de Ronsard* (lib. A. Franck, 1867).

2. Il ne faut pas juger sans doute les hommes par les pompeuses épitaphes de leurs tombes. Cependant on peut retrouver sur ces monuments funèbres trace des sentiments professés pour les morts. Dans la *Description historique et chronologique des monuments de sculpture réunis au Musée des Monuments français,* par Alexandre Lenoir (8 vol. in-8°, Paris, an IX — 1800), figure t. IV, p. 181, parmi les monuments du xvie siècle, le tombeau de Pibrac, transporté des Grands-Augustins au nouveau Musée des

Ce *grand homme,* comme on l'appelait, était
en même temps, comme la plupart des lettrés

Petits-Augustins. On nous saura peut-être gré de fixer
ici ce souvenir. L'épitaphe en latin donne des détails
exacts sur la vie et les mérites de notre auteur.

« *N° 160.* Monument érigé à Gui du Faur, seigneur de
« Pibrac, président à mortier du parlement de Paris,
« mort en 1586, âgé de soixante ans, avec un marbre
« sur lequel est gravé l'abrégé de sa vie en latin et de
« ses quatrains en vers français. »

TUMULUS

VIDI FABRI PIBRACHII

*Hìc teguntur cineres tantum, et ossa Vidi Fabri Pibra-
chii : nomen ejus, virtusque spirat in ore et admiratione
populorum omnium, quos non solùm orbis christianus, sed
oriens, et intima Scytharum ora vidit : genus illi a
stirpe veterum Fabronum, quæ neminem habuit, in tàm
longa serie annorum plus quàm trecentorum, qui non aut
ex ordine senatoria in toga illustris, aut inter fortes
rei militaris ac bellicæ gloriâ famâque insignis fuerit;
ipse qui nasci ab illis fortuitam neque ultrà duxit, cùm
per omnes iret dignitatum et honorum gradus, tribunal
emptum nummario pretio, nec insedit, nec appetivit
unquam; virtute non censu, meritorum æstimatione, non
divitiarum magnitudine ratus censeri munus et religio-
nem judicantium. Sub Carolo IX primum ex prætura Tolo-
sana accitus in urbem et missus Tridentum (quo tum sa-
nandis formandisque rebus Ecclesiæ adversùs furentem
impietatem sectariorum convenerant secta Regnorum et
Provinciarum nominis christiani lumina) sic renuntiâvit
summam imperatæ legationis, sic Gallici nominis præ-*

ses voisins, un *bon homme*. Et cette double qualité de l'élévation de l'âme et de la tendresse
du cœur se retrouve dans ses vers, plus chargés

rogativam, Regisque sui jus, ac dignitatem fandi pru-
dentiâ et ubertate asseruit, ut cum gratiæ causâ nihil
diceret, omnia tamen essent illic omnibus grata quæ di-
ceret : illinc reversum, non in prioris provinciæ prætura
et magistratu otium, sed altior honos ad negotia traxit,
evectum ad regiæ advocationis munus in augustiore et
primario Galliæ totius senatu, ubi cùm auctior fama
virtutum in dies cresceret et triompharet ejus oratio,
raptus est velut in selectiorem et sanctiorem illorum or-
dinem, qui arcana regni et tacitas principis medita-
tiones cognoscit ac regit, et mox deindè Henrico III quem
tunc Poloni publico, solemni, comitiorum ordinumque
regni sui decreto regem sibi renuntiarant, datus om-
nium auctor ac princeps consiliorum, quæ sic temperavit
arte, judicio, sapientiâque, ut brevi præter spem omnium,
in tanta rerum difficultate avito eum Galliarum regno
tuendo rursùs incolumem et salvum reddiderit; et quæ-
rentes nihilominus per secessionem Poloniæ proceres, cui
se, regnique jura permitterent, aliquandiu interim in
prioris sacramenti fide, et regis obsequio continuerit;
tùm his perfunctum, et redditum sibi, excepit rursum se-
natus, sed inter præsides suos, otiumque fecit, in quo
patriis verbis tetrasticis numeris ea suis vitæ præcepta
composuit, quæ propter eximiam vim sapientiæ populo-
rum omnium sermone versa teruntur, non sine præcipua
autoris sui apud Turcas, etiam et Barbaros veneratione.
Ad extremum quoque Francisco Henrici regis fratri mi-
nori, quem inferioris Germaniæ populi ducem, ac prin-
cipem sibi dixerant, a rege quæstor sacri palatii, et

d'idées que de mots et sur lesquels, disait encore un contemporain, *la rouille ni le temps ne
trouveroient que mordre.* Il y a, en effet, une séve
toute particulière, une grâce piquante de langage unie à une pensée robuste, dans ces *Quatrains* qui firent partie, durant un si long temps,
de toute éducation solide. Cela est concis, ferme
et clair. On sent, à travers ces préceptes, la résolution inébranlable de la vertu. Point de morgue,
point de puritanisme hautain ; tout au contraire,
une morale accessible et humaine, mais sans faiblesse et sans compromis. On sent passer souvent, à travers ces mâles enseignements, après la
douceur souriante d'un Horace, le souffle vigou-

cancellarius serò missus (qui e rebus jam desperatis ac
penè eversis) cum inde redisset, morbo diem suum gloriæ
plenus feliciter clausit an. *1584. 2 maii.*

Après cette longue épitaphe, véritable biographie de
Pibrac, on lisait, gravés sur le marbre, quatre de ses
Quatrains, ceux qui commencent ainsi :

Dieu tout premier, puis Pere & Mere honore.....

Heureux qui met en Dieu son esperance.....

Il est permis souhaiter vn bon Prince.....

Songe long temps auant que de promettre.....

reux d'un Agrippa d'Aubigné ou l'accent amer et
profond de l'*Alceste* de Molière. Ils ont surtout,
ces *Quatrains*, une qualité inappréciable, une
vertu toute nationale. Ils sont francs et gaulois,
c'est-à-dire aussi éloignés de l'hypocrisie offi-
cielle inventée par notre temps que de la gouail-
lerie malsaine qui corrompt et déforme notre
tempérament français. L'horreur des atténuations
et le mépris de la plaisanterie vulgaire sont les
vertus maîtresses de ces hommes du XVIᵉ siècle,
résolus et convaincus comme Pibrac.

Il fut un temps, ai-je dit, où les *Quatrains* de
Pibrac étaient le complément obligé de toute
bonne éducation. Nos aïeux en faisaient leur
livre d'habitude et, comme ils disaient, leur *épée
de chevet*. Et non-seulement les hommes, mais
les femmes puisaient d'utiles enseignements dans
ces pages viriles. Madame de Maintenon nous
apprend qu'on lui enseignait la morale en prenant
Pibrac pour guide : « On nous plaquoit, dit-elle,
un maſque ſur notre nez, car on avoit peur que
nous ne nous hâlaſſions ; on nous mettoit au bras
un petit panier où étoit notre déjeuner avec un
petit livret des *Quatrains* de Pibrac, dont on nous
donnoit quelques pages à apprendre par jour ; avec
cela on nous mettoit une grande gaule dans la
main, & on nous chargeoit d'empêcher que les

dindons n'allaffent où ils ne devoient point aller[1]. »

Je souhaiterais volontiers qu'on donnât encore aux générations nouvelles de semblables précepteurs. Le libre esprit d'un Pibrac exhausserait, en y pénétrant, les jeunes âmes. Les *Quatrains* ont l'éloquence entraînante que donnent les fortes convictions. Ce sont les enseignements d'un cœur fier, d'une intelligence éveillée et loyale, qui a beaucoup vu, profondément observé, et qui lègue à ses descendants, sous une forme brève, le résultat de ses réflexions sur l'homme et sa destinée. Et telle est la puissance de la droiture de la pensée, que ces quatrains sont presque toujours frappés à la bonne marque et solides parfois comme l'airain. Quoi de plus fier et de plus élevé que certains de ces préceptes :

> *Les biens du corps, & ceux de la fortune,*
> *Ne font pas biens, à parler proprement :*
> *Ils font fubieds au moindre changement :*
> *Mais la vertu demeure toufiours vne.*

Voilà le précepte. Croyez-vous pourtant que Pibrac mette son idéal dans un puritanisme implacable et dans une vertu surhumaine? Cette vertu, il la veut, au contraire, accessible et pos-

1. *Conseils et instructions aux Demoiselles, pour leur conduite dans le monde.* (T. I, p. 98 ; édition Th. Lavallée.)

sible, praticable, en un mot, et telle que peut la souhaiter un sage qui fait la part des faiblesses humaines. Pibrac n'est pas pour rien un disciple de Sénèque et la vertu qu'il demande à ses proches « *gift*, dit-il, *entre les deux extrêmes.* »

Entre le plus & le moins qu'il ne fault.

Non pas qu'il conseille ou qu'il accepte, je le répète, la moindre concession. Pibrac est l'homme qui écrit :

Ayme l'honneur plus que ta propre vie.

Et cet honneur, il sait bien en quels lieux on peut le garder intact; le conseiller des rois a même sur la cour des opinions qui semblent se rapprocher parfois de celles de cet amant de la République, Étienne de la Boétie :

Ie ne veis onc prudence auec ieuneſſe,
Bien commander ſans auoir obey,
Eſtre fort craint, & n'eſtre point hay,
Eſtre Tyran, & mourir de vielleſſe.

Et encore :

Ne voiſe au bal, qui n'aymera la danſe,
Ny au banquet qui ne voudra manger,
Ny ſur la mer qui craindra le danger,
Ny à la Cour qui dira ce qu'il penſe[1].

Tel est Pibrac : un homme libre jugeant en

---

1. Le grand Condé répétait souvent, nous apprend Dide-

liberté les hommes et les rois, patriote d'ailleurs, je le répète, soumis aux lois, aimant la France et la voulant unie et grande, animé enfin, comme tous ceux de son temps, d'une *tendresse pieuse* [1] pour notre pays, tendresse qu'il fait passer dans ses vers comme dans ses discours.

J'ai dit que cette poésie de Pibrac, où M. Feugère trouvait à louer, avant tout, le *souffle de l'homme de bien,* a rencontré, dans notre temps, des critiques plus sévères qu'à l'heure de Ronsard et de Du Bartas. A plusieurs reprises, par exemple, Théophile Gautier, dans ses feuilletons et ses livres, revient sur Pibrac, qu'il n'aime guère, et parle avec ironie du *ton sentencieux* du conseiller Mathieu, de Pibrac et de Publius Syrus. Une fois même [2] il le compare à Hogarth qui, dit-il, « *avec*

rot, le quatrain de Pibrac sur la calomnie et ses *cordillons :*

> *Quand vne fois ce monſtre nous attache...*

Beaumarchais n'a fait que développer, par la bouche de Basile, la pensée de Pibrac.

1. C'est l'expression dont se sert un professeur et un poëte, M. Emmanuel des Essarts, dans son éloquent discours d'ouverture, prononcé à la Faculté de Dijon (Cours de littérature française), sur les *Origines de la poésie lyrique en France au* xvie *siècle.* (Dijon, in-8o, 1872.)

2. Voy. son livre de Mélanges : *Caprices et Zigzags.*

9

beaucoup de talent fit de la peinture abominable. »
Puis, décrivant les tableaux si curieux d'Hogarth
qu'on voit à Londres, au *National Gallery :* « On
y apprend, ajoute Théophile Gautier, tous les
inconvénients des ménages mal assortis, de la
mauvaise conduite et de l'ivrognerie, et autres
excellentes choses qui n'ont aucun rapport ni
avec le dessin ni avec la couleur ; *c'est de l'art
comme les quatrains de Pibrac sont de la poésie.* »

Voilà ce que je nie, et je ne comprends point
même qu'il soit venu à l'idée de comparer les
compositions ironiques d'Hogarth, ce satirique
en peinture, cet amer et étonnant faiseur de
caricatures au pinceau, avec les *Quatrains* de
Pibrac, si fermes, si nets, si droits, et qui font
songer, si je puis dire, à quelque mâle leçon de
morale débitée par un ancêtre encore recouvert
de son armure. Ces *Quatrains,* où le génie français — ce génie de la clarté et de la raison
— parle un langage si simple et pourtant si
altier, ne sont point les seules poésies que nous
ait laissées Pibrac. De fort beaux sonnets sur
les Dames romaines, son poëme inachevé des
Plaisirs de la Vie rustique, ses quatrains presque
introuvables *de la Manière de se comporter pour
entrer en mariage avec une demoiselle,* composent un
livre assez mince, mais un livre précieux et plein

de séve[1]. On regrettera avec nous que Pibrac
n'ait pas achevé son curieux poëme rustique, si
intéressant pour ses indications sur la vie rurale
au XVIe siècle et si attrayant de ton et de couleur. Rien de plus savoureux que ce tableau d'in-
térieur si complet et si vrai. C'est la mise en
scène du labeur honnête et récompensé. La
Bruyère, plus tard, nous peindra les paysans aux
champs, écrasés de fatigue, abrutis sous la tâche
quotidienne. Pibrac nous les montre quasi joyeux
de leur travail et s'asseyant, heureux et pleins
d'appétit, bravement affamés, autour de la table,
après la journée bien remplie.

L'art rustique était fort à la mode alors. Ces
gens altérés de guerres, préoccupés de politique,
le cerveau chargé de pensées sombres, souhai-
taient presque tous, aux heures de rêves et de

---

1. « Bouchet, *Sérée 16,* semble attribuer à Pibrac un
ouvrage intitulé *Banquet,* où celui qui donne le repas a
nom Colin, et sa femme Marion. » Cette indication que
reproduit M. Tamizey de Larroque à la fin de sa publication de la *Vie de Pibrac,* par Colletet, n'a aucune raison d'être maintenue. Le *Banquet* où figurent ce Colin et
cette Marion n'est en effet autre chose qu'un fragment du
poëme sur la *Vie rustique.* On remarquera qu'un autre
personnage de ce poëme, *le paysan patriote,* s'appelle
Michaut, comme le héros de la *Partie de chasse de
Henri IV,* de Collé.

désirs, quelque coin de forêt, une maisonnette, un peu d'ombre, un abri lointain où rêver en oubliant. Ils avaient soif de repos, de verdure, de la bonne odeur des foins coupés ou de la terre fraîche retournée. Philippe des Portes, Claude Binet, Nicolas Rapin lui-même, le faiseur de satires, rimaient des vers *champêtres*. Ils se reposaient d'Amadis et de Pétrarque, autant que des huguenots et des Guises, avec Colin et Marion. Et qui peut se vanter ensuite d'avoir inventé le sentiment de la nature et ce qu'on a appelé le *réalisme?* Voilà comment, avec quel soin, Pibrac décrit ses humbles héros ; c'est Marion qui, levée

> *Au poinǎ du iour s'en va dans ſon iardin cueillir*
> *Des choux ou des porreaux pour les mettre bouillir :*
> *Apres dans ſon mortier vn peu de ſafran broye,*
> *Et tire du chernier vn petit morceau d'Oye,*
> *Ictte tout dans le pot, qu'elle met ſur le feu,*
> *Du vent de ſon poulmon allumant peu d peu*
> *Les buchettes qu'elle a és taillis amaſſees...*

Ce n'est rien et c'est un tableau charmant que le profil de cette paysanne soufflant le feu « du vent de son poumon » et enflant ses joues comme une ménagère de Téniers. Je ne sais, mais il me semble voir là quelque rustique et robuste scène comme en peignaient, non-seulement les Flamands, mais quelques-uns de nos peintres français, les frères Le Nain, par exemple. Cette poésie pittoresque de Pibrac me donne exactement l'impression de leur peinture.

Pibrac ne se contente point, d'ailleurs, de retracer ces détails de mœurs rustiques. Tout à coup son langage s'élève et il place sur les lèvres d'un de ces paysans les paroles mêmes que ses propres préoccupations lui dictent à toute heure. C'est Michaut, qui, *de bien loin l'avenir connaissant,* interrompt tout à coup les plaisirs champêtres[1], et soudain s'écrie, alarmé et plaintif :

> *Ne verrons nous iamais ce pays en repos*
> *Mes amis, ce dit-il, hélas qu'eſt devenuë*
> *De nos premiers ayeuls la prudence cognuë ;*
> *Faut-il que nous ſoyous encores en danger*
> *De voir nos champs couuerts du ſoldat eſtranger.*
> *Douze ans y a & plus que par noſtre folie*
> *Nous ſommes le ioüet d'Eſpagne & d'Italie,*
> Et le butin certain du reiſtre empiſtolé ;
> Qui non encores faoül des biens qu'il a volé
> A peine en ſa maiſon des chariots deſcharge
> Qu'il s'appreſte à venir faire nouvelle charge :
> Va Collin prouigner tes vignes maintenant,
> Pour malgré toy ſeruir d'enyurer l'Alemand,
> *Sois ſoigneux du trouppeau et du labeur champeſtres,*
> *Tes moutons & guérets changeront bien de maiſtres,*

1. Il serait curieux de rapprocher ce poëme de Pibrac de la *Pernette* de M. Victor de Laprade, qui commence à peu près de même, et du poëme d'un ton si pénétrant de M. Joseph Autran, *La Vie rurale.*

> *Car Dieu eſt contre nous iuſtement irrité*
> *Et pis que nous aurons, nous auons mérité!*

Ne reconnaît-on pas, dans ces amères et fortes paroles, qui font songer aux *Tragiques* de d'Aubigné, l'accent intime, le cri de détresse personnelle de ce même Pibrac qui, mourant, languissant, pouvait, lui aussi, s'écrier comme Pierre Pithou sur son lit de mort : « O pauvre patrie, que de nouveaux maux je prévois pour toi ! »

On le voit, la lecture de telles œuvres est souverainement saine et fortifiante. Une semblable nourriture intellectuelle serait la *viande noire* qui referait une santé à notre France. Des hommes comme Pibrac sont nos contemporains par toutes les pensées qui les agitent; ils sont nos supérieurs par la bonté et le caractère. Les problèmes redoutables de la religion et de la politique, ils les ont étudiés comme nous; comme nous ils ont essayé de les résoudre, mais plus que nous ils ont compris que l'avenir était à ceux qui savent se dévouer, se sacrifier et obéir. Indomptables dans leur foi, ils avaient su établir la discipline dans leur vie. Ce furent là les grands Français, les dignes et vaillants ancêtres des hommes du XVIIIᵉ siècle. Ce qu'ils souffrirent à la vue de leur patrie misérable, ils nous l'apprennent dans leurs écrits, dans leurs poésies, dans leurs lettres privées, et nous retrouvons là l'expression même de notre propre souffrance. Aussi comme nous les aimons dès que nous les étudions d'un peu près! Ce sont nos compagnons, nos vrais conseillers, et la morale qu'ils enseignent est à la fois simple et droite : elle tient dans quelques mots, les plus fiers du monde : *patrie, honneur* et *devoir.*

Il y avait donc un double intérêt à rééditer aujourd'hui les œuvres de Guy du Faur de Pibrac. Poëte, il mérite notre éloge; citoyen, il a conquis pour toujours notre admiration. Un tel homme serait encore populaire tout autre part que chez nous; mais nous avons semblé trop longtemps dédaigneux de nos gloires et il a fallu les plus dures épreuves pour nous rappeler combien, dans le passé de notre France, nous négligions de richesses littéraires et nous méconnaissions de grandeurs morales. Désormais Pibrac sera remis au jour, et puisse la lecture de ces *Quatrains* produire sur ceux qui ne les connaissaient point l'effet des *Psaumes* de David sur Pibrac lui-même qui, au dire d'un de ses biographes, en tira « tout le suc et la moelle » pour en nourrir son âme, où ils étaient gravés.

La partie bibliographique de l'édition présente

est l'œuvre de M. E. Courbet, à l'érudition duquel nous devons déjà une bonne édition de Regnier et la réédition des *Dialogues de Tahureau* et des *Gayetés d'Olivier de Magny*. M. Courbet a revu les *Quatrains* de Pibrac sur l'édition *princeps* que nous possédons, et il a ajouté à cette réimpression des observations et des notes qui la complètent. C'est un monument de choix que nous avons voulu élever à Pibrac, et c'est une de nos satisfactions personnelles d'avoir travaillé à remettre en lumière un homme que nous aimions depuis si longtemps.

JULES CLARETIE.

Juillet 1873.

LES
QVATRAINS DV

SEIGNEVR DE PYBRAC,

CONSEILLER DV ROY EN

fon Confeil priué:

Contenans preceptes & enfeignemens vtiles pour la vie de l'homme, de nouueau mis en leur ordre & augmentez par ledict Seigneur.

A PARIS,

De l'Imprimerie de FEDERIC MOREL
Imprimeur ordinaire du ROY.

M. D. LXXXIIII.
Auec Priuilege dudict Seigneur.

AU LECTEUR.

Ie n'ay tasché cet œuure faconner
　D'vn style doux, à fin qu'il puisse plaire :
　Car aussi bien n'entens-ie le donner
　Qu'à ceux qui n'ont soucy que de bien faire.

Quatrains du Seigneur de Pybrac Conseiller du Roy en son Conseil priué.

I.

Dieu tout premier, puis Pere & Mere honore :
Sois iuste & droiƈt : & en toute saison
De l'innocent pren en main la raison :
Car Dieu te doit la haut iuger encore.

II.

Si en iugeant la faueur te commande,
Si corrompu par or ou par presens,
Tu fais iustice au gré des Courtisans,
Ne doute point que Dieu ne te le rende.

III.

Auec le iour commence ta iournee,
De l'Eternel le sainƈt nom benissant :
Le soir aussi ton labeur finissant,
Louë-le encor', & passe ainsi l'annee.

IIII.

Adore aſſis, comme le Grec ordonne,
  Dieu en courant ne veult eſtre honoré :
  D'vn ferme cœur il veult eſtre adoré,
  Mais ce cueur là il fault qu'il nous le donne.

V.

Ne va diſant, ma main a·faiĉt ceſt œuure,
  Ou ma vertu ce bel œuure a parfaiĉt :
  Mais dis ainſi, Dieu par moy l'œuure a faiĉt,
  Dieu eſt l'autheur du peu de bien que i'œuure.

VI.

Tout l'vniuers n'eſt qu'vne cité ronde,
  Chacun a droiĉt de s'en dire bourgeois,
  Le Scythe & More autant que le Gregeois,
  Le plus petit que le plus grand du monde.

VII.

Dans le pourpris de ceſte cité belle
  Dieu a logé l'homme comme en lieu ſainĉt,
  Comme en vn Temple, où luy meſmes s'eſt peinĉt
  En mil endroiĉts de couleur immortelle.

VIII.

Il n'y a coing ſi petit dans ce temple
  Où la grandeur n'apparoiſſe de Dieu :
  L'homme eſt planté iuſtement au milieu,
  A fin que mieux par tout il la contemple.

IX.

Il ne sçauroit ailleurs mieux la cognoistre
Que dedans soy, où comme en vn miroir
La terre il peut & le ciel mesme voir,
Car tout le monde est compris en son estre.

X.

Qui a de soy parfaicte cognoissance,
N'ignore rien de ce qu'il fault sçauoir :
Mais le moyen asseuré de l'auoir,
Est se mirer dedans la sapience.

XI.

Ce que tu vois de l'homme n'est pas l'homme,
C'est la prison où il est enserré
C'est le tombeau où il est enterré,
Le lict branlant où il dort vn court somme.

XII.

Ce corps mortel, où l'œil rauy contemple
Muscles & nerfs, la chair, le sang, la peau,
Ce n'est pas l'homme, il est beaucoup plus beau,
Aussi Dieu l'a reserué pour son temple.

XIII.

A bien parler, ce que l'homme on appelle,
C'est vn rayon de la diuinité :
C'est vn atome esclos de l'vnité :
C'est vn degout de la source eternelle.

XIIII.

Recognoy donc, homme, ton origine,
 Et braue & haut dedaigne ces bas lieux,
 Puis que fleurir tu dois la-haut és cieux,
 Et que tu es vne plante diuine.

XV.

Il t'eſt permis t'orgueillir de la race,
 Non de ta mere, ou ton pere mortel,
 Mais bien de Dieu ton vray pere immortel,
 Qui t'a moulé au moule de ſa face.

XVI.

Au ciel n'y a nombre infiny d'Idees,
 Platon s'eſt trop en cela meſconté :
 De noſtre Dieu la pure volonté
 Eſt le ſeul moule à toutes choſes nees.

XVII.

Il veut, c'eſt faiƈt : ſans trauail & ſans peine
 Tous animaux, iuſqu'au moindre qui vit,
 Il a creé, les ſouſtient, les nourrit,
 Et les deffaiƈt du vent de ſon haleine.

XVIII.

Hauſſe tes yeux : la voute ſuſpendue,
 Ce beau lambris de la couleur des eaux,
 Ce rond parfaiƈt de deux globes iumeaux,
 Ce firmament eſloigné de la veuë :

XIX.

Bref ce qui eſt, qui fut, & qui peut eſtre,
En terre, en mer, au plus caché des cieux,
Si toſt que Dieu l'a voulu pour le mieux,
Tout auſſi toſt il a receu ſon eſtre.

XX.

Ne va ſuiuant le troupeau d'Epicure,
Troupeau vilain, qui blaſpheme en tout lieu,
Et meſcroyant ne cognoiſt autre Dieu
Que le fatal ordre de la Nature.

XXI.

Et ce pendant il ſe veautre & patouille
Dans vn bourbier puant de tous coſteʒ,
Et du limon des ſales volupteʒ
Il ſe repaiſt, comme vne orde grenouille.

XXII.

Heureux qui met en Dieu ſon eſperance,
Et qui l'inuoque en ſa proſperité
Autant ou plus qu'en ſon aduerſité,
Et ne ſe fie en humaine aſſeurance.

XXIII.

Voudrois tu bien mettre eſperance ſeure
En ce qui eſt imbecille & mortel?
Le plus grand Roy du monde n'eſt que tel,
Et a beſoin plus que toy qu'on l'aſſeure.

XXIIII.

De l'homme droiɛt Dieu eſt la ſauuegarde :
Lors que de tous il eſt abandonné,
C'eſt lors que moins il ſe trouue eſtonné,
Car il ſçait bien que Dieu lors plus le garde.

XXV.

Les biens du corps, & ceux de la fortune,
Ne ſont pas biens, à parler proprement :
Ils ſont ſubieɛts au moindre changement :
Mais la vertu demeure touſiours vne.

XXVI.

Vertu qui giſt entre les deux extrémes,
Entre le plus & le moins qu'il ne fault,
N'excede en rien, & rien ne luy default,
D'autruy n'emprunte, & ſuffit à ſoymeſmes.

XXVII.

Qui te pourroit, Vertu, voir toute nue,
O qu'ardemment de toy ſeroit eſpris :
Puis qu'en tout temps les plus rares eſprits
T'ont faiɛt l'amour au trauers d'vne nue !

XXVIII.

Le ſage fils eſt du pere la ioye :
Or ſi tu veux ce ſage fils auoir,
Dreſſe le ieune au chemin du deuoir :
Mais ton exemple eſt la plus courte voye.

XXIX.

Si tu es né, enfant, d'vn ſage pere,
  Que ne ſuis tu le chemin ia battu?
  S'il n'eſt pas tel, que ne t'esforces tu,
  En bien faiſant, couurir ce vitupere?

XXX.

Ce n'eſt pas peu, naiſſant d'vn tige illuſtre,
  Eſtre eſclairé par ſes anteceſſeurs :
  Mais c'eſt bien plus luire à ſes ſucceſſeurs,
  Que des ayeux ſeulement prendre luſtre.

XXXI.

Iuſqu'au cercueil, mon fils, vueilles apprendre,
  Et tien perdu le iour qui s'eſt paſſé,
  Si tu n'y as quelque choſe amaſſé,
  Pour plus ſçauant & plus ſage te rendre.

XXXII.

Le voyageur qui hors du chemin erre,
  Et, eſgaré, ſe perd dedans les bois,
  Au droiɛt chemin remettre tu le dois :
  Et, s'il eſt cheu, le releuer de terre.

XXXIII.

Ayme l'honneur plus que ta propre vie :
  I'entens l'honneur, qui conſiſte au deuoir,
  Que rendre on doit, ſelon l'humain pouuoir,
  A DIEV, *au Roy, aux Loix, à ſa Patrie.*

XXXIIII.

Ce que tu peux maintenant, ne differe
  Au lendemain comme les pareſſeux :
  Et garde auſſi que tu ne ſois de ceux
  Qui par autruy font ce qu'ils pourroient faire.

XXXV.

Hante les bons, des meſchans ne t'acointe,
  Et meſmement en la ieune ſaiſon,
  Que l'appetit pour forcer la raiſon
  Arme nos ſens d'vne brutale pointe.

XXXVI.

Quand au chemin fourchu de ces deux Dames
  Tu te verras comme Alcide ſemond,
  Suy celle la qui par vn aſpre mont
  Te guide au ciel, loing des plaiſirs infames.

XXXVII.

Ne mets ton pied au trauers de la voye
  Du pauure aueugle, & d'vn piquant propos
  De l'homme mort ne trouble le repos :
  Et du malheur d'autruy ne fay ta ioye.

XXXVIII.

En ton parler ſois touſiours veritable,
  Soit qu'il te faille en teſmoignage ouyr,
  Soit que par fois tu veuilles reſiouïr
  D'vn gay propos tes hoſtes à la table.

XXXIX.

La Verité d'vn Cube droiĉt se forme,
  Cube contraire au leger mouuement :
  Son plan quarré iamais ne se dément,
  Et en tout sens a tousiours mesme forme.

XL.

L'oyseleur caut se sert du doulx ramage
  Des oysillons, & contrefaiĉt leur chant :
  Aussi, pour mieux deceuoir, le meschant
  Des gens de bien imite le langage.

XLI.

Ce qu'en secret lon t'a dit ne reuele :
  Des faiĉts d'autruy ne sois trop enquerant.
  Le curieux volontiers tousiours ment :
  L'autre merite estre diĉt infidele.

XLII.

Fay pois esgal, & loyale mesure,
  Quand tu deurois de nul estre apperceu :
  Mais le plaisir que tu auras receu,
  Ren le tousiours auecques quelque vsure.

XLIII.

Garde, soigneux, le depost à toute heure :
  Et quand on veult de toy le recouurer,
  Ne va subtil des moyens controuuer
  Dans vn palais, à fin qu'il te demeure.

XLIIII.

L'homme de fang te foit toufiours en hayne,
　　Huë fur luy, comme fait le berger
　　Numidien fur le Tygre leger,
　　Qui voit de loing enfanglanter la plaine.

XLV.

Ce n'eft pas tout ne faire à nul outrage,
　　Il fault de plus s'oppofer à l'effort
　　Du malheureux, qui pourchaffe la mort,
　　Ou du prochain la honte & le dommage.

XLVI.

Qui a defir d'exploiter fa proüeffe,
　　Domte fon ire, & fon ventre, & ce feu
　　Qui dans nos cueurs s'allume peu à peu,
　　Soufflé du vent d'erreur & de pareffe.

XLVII.

Vaincre foymefme eft la grande victoire :
　　Chacun chez foy loge fes ennemis,
　　Qui par l'effort de la raifon foubmis,
　　Ouurent le pas à l'eternelle gloire.

XLVIII.

Si ton amy a commis quelque offenfe,
　　Ne va foudain contre luy t'irriter :
　　Ains doucement, pour ne le defpiter,
　　Fay luy ta plainte, & reçoy fa defenfe.

XLIX.

L'homme eſt fautif : nul viuant ne peut dire
  N'auoir failly : és hommes plus parfaiɛts,
  Examinant & leurs diɛts & leurs faiɛts,
  Tu trouueras, ſi tu veux, à redire.

L.

Voy l'hypocrite auec ſa triſte mine,
  Tu le prendrois pour l'aiſné des Catons,
  Et ce pendant toute nuiɛt à taſtons
  Il court, il va pour tromper ſa voyſine.

LI.

Cacher ſon vice eſt vne peine extréme,
  Et peine en vain : fay ce que tu voudras,
  A toy au moins cacher ne te pourras :
  Car nul ne peult ſe cacher à ſoy meſme.

LII.

Aye de toy plus que des autres honte,
  Nul plus que toy par toy n'eſt offenſé :
  Tu dois premier, ſi bien y as penſé,
  Rendre de toy à toy meſme le compte.

LIII.

Point ne te chaille eſtre bon d'apparence,
  Mais bien de l'eſtre à preuue & par effeɛt :
  Contre vn faulx bruit que le vulgaire faiɛt;
  Il n'eſt rampart tel que la conſcience.

LIIII.

A l'indigent monſtre toy ſecourable,
Luy faiſant part de tes biens à foiſon :
Car Dieu benit & accroit la maiſon
Qui a pitié du pauure miſerable.

LV.

Làs! que te ſert tant d'or dedans ta bourſe,
Au cabinet maint riche veſtement,
Dans tes greniers tant d'orge & de froment,
Et de bon vin dans ta caue vne ſource :

LVI.

Si ce pendant le pauure nud friſſonne
Deuant ton huys, & languiſſant de faim,
Pour tout enfin n'a qu'vn morceau de pain,
Ou s'en reua ſans que rien on luy donne?

LVII.

As tu, cruel, le cœur de telle ſorte,
De meſpriſer le pauure infortuné,
Qui, comme toy, eſt en ce monde né,
Et, comme toy, de Dieu l'image porte?

LVIII.

Le malheur eſt commun à tous les hommes,
Et meſmement aux Princes & aux Roys :
Le ſage ſeul eſt exempt de ces loix :
Mais où eſt-il, làs, au ſiecle où nous ſommes?

LIX.

Le sage est libre enferré de cent chaines,
    Il est seul riche, & iamais estranger :
    Seul asseuré au milieu du danger,
    Et le vray Roy des fortunes humaines.

LX.

Le menasser du Tyran ne l'estonne :
    Plus se roidit quand plus est agité :
    Il cognoist seul ce qu'il a merité,
    Et ne l'attend hors de soy de personne.

LXI.

Vertu és mœurs ne s'acquiert par l'estude,
    Ne par argent, ne par faueur des Roys,
    Ne par vn acte, ou par deux, ou par trois,
    Ains par constante & par longue habitude.

LXII.

Qui lit beaucoup, & iamais ne medite,
    Semble à celuy qui mange auidement,
    Et de tous mets surcharge tellement
    Son estomach, que rien ne luy profite.

LXIII.

Maint vn pouuoit par temps deuenir sage,
    S'il n'eust cuidé l'estre ia tout à faict,
    Quel artisant fut onc maistre parfaict,
    Du premier iour de son apprentissage ?

LXIIII.

Petite source ont les grosses riuieres :
Qui bruit si haut à son commencement
N'a pas long cours non plus que le torrent,
Qui perd son nom és prochaines fondrieres.

LXV.

Maudit celuy qui fraude la semence,
Ou qui retient le salaire promis
Au mercenaire : ou qui de ses amis
Ne se souuient sinon en leur presence.

LXVI.

Ne te pariure en aucune maniere,
Et si tu es contrainct faire serment,
Le ciel ne iure, ou l'homme, ou l'element,
Ains par le nom de la cause premiere :

LXVII.

Car Dieu qui hait le pariure execrable,
Et le punit comme il a merité,
Ne veult que lon tesmoigne verité
Par ce qui est mensonger ou muable.

LXVIII.

Vn art sans plus, en luy seul t'exercite.
Et du metier d'autruy ne t'empeschant,
Va dans le tien le parfaict recherchant :
Car exceller n'est pas gloire petite.

LXIX.

Plus n'embraſſer que lon ne peut eſtraindre :
Aux grands honneurs conuoiteux n'aſpirer :
Vſer des biens, & ne les deſirer :
Ne ſouhaiter la mort, & ne la craindre.

LXX.

Il ne fault pas aux plaiſirs de la couche
De chaſteté reſtreindre le beau don :
Et ce pendant liurer à l'abandon
Ses yeux, ſes mains, ſon oreille & ſa bouche.

LXXI.

Há le dur coup qu'eſt celuy de l'oreille !
On en deuient quelquefois forcené :
Meſmes alors qu'il nous eſt aſſené
D'vn beau parler plein de doulce merueille.

LXXII.

Mieulx nous vaudroit des aureillettes prendre,
Pour nous ſauuer de ces coups dangereux :
Par là s'armoient les Pugils valeureux,
Quand ſur l'arene il leur falloit deſcendre.

LXXIII.

Ce qui en nous par l'oreille penetre,
Dans le cerueau coule ſoudainement,
Et ne ſçaurions y pouruoir autrement,
Que tenant cloſe au mal ceſte feneſtre.

LXXIIII.

Parler beaucoup on ne peut sans mensonge,
  Ou pour le moins sans quelque vanité :
  Le parler brief conuient à verité,
  Et l'autre est propre à la fable & au songe.

LXXV.

Du Memphien la graue contenance,
  Lors que sa bouche il serre auec le doigt,
  Mieulx que Platon enseigne comme on doit
  Reueremment honorer le silence.

LXXVI.

Comme lon voit, à l'ouurir de la porte
  D'vn cabinet Royal, maint beau tableau,
  Mainte antiquaille, & tout ce que de beau
  Le Portugais des Indes nous apporte :

LXXVII.

Ainsi deslors que l'homme qui medite,
  Et est sçauant, commence de s'ouurir,
  Vn grand thresor vient à se descouurir,
  Thresor caché au puis de Democrite.

LXXVIII.

On dict soudain, voila qui fut de Grece,
  Cecy de Rome, & cela d'vn tel lieu,
  Et le dernier est tiré de l'Hebrieu,
  Mais tout en somme est remply de sagesse.

LXXIX.

Noftre heur, pour grand qu'il foit nous femble moindre
  Les ceps d'autruy portent plus de raifins :
  Mais quant aux maulx que fouffrent nos voyfins,
  C'eft moins que rien, ils ont tort de s'en plaindre.

LXXX.

A l'enuieux nul tourment ie n'ordonne,
  Il eft de foy le iuge & le bourreau :
  Et ne fut onc de DENIS *le Toreau*
  Supplice tel, que celuy qu'il fe donne.

— LXXXI.

Pour bien au vif peindre la Calomnie,
  Il la faudroit peindre quand on la fent :
  Qui par bon heur d'elle ne fe reffent,
  Croire ne peult quelle eft cefte furie.

LXXXII.

Elle ne faict en l'air fa refidence,
  Ny foubs les eaux, ny au profond des bois :
  Sa maifon eft aux oreilles des Roys,
  D'où elle braue & fleftrit l'innocence.

LXXXIII.

Quand vne fois ce monftre nous attache,
  Il fçait fi fort fes cordillons nouër,
  Que bien qu'on puiffe en fin les defnouër,
  Reftent toufiours les marques de l'attache.

LXXXIIII.

Iuge ne donne en ta caufe fentence :
  Chacun fe trompe en fon faiƈt aiƶément :
  Noftre intereft force le iugement,
  Et d'vn cofté faiƈt pancher la balance.

LXXXV.

Deffus la loy tes iugemens arrefte,
  Et non fur l'homme : ell' fans affeƈtion,
  L'homme au contraire eft plein de paffion :
  L'vn tient de Dieu, l'autre tient de la befte.

LXXXVI.

Le nombre fainƈt fe iuge par fa preuuë,
  Toufiours egal, entier ou defparty :
  Le droiƈt auffi en Atomes party,
  Semblable à foy toufiours egal fe treuue.

LXXXVII.

Nouueau Vlyffe appren du long voyage
  A gouuerner Ithaque en equité :
  Maint vn a Scylle & Charybde euité,
  Qui heurte au port, & chez foy faiƈt naufrage.

LXXXVIII.

Songe long temps auant que de promettre :
  Mais fi tu as quelque chofe promis,
  Quoy que ce foit, & fuft-ce aux ennemis,
  De l'accomplir en deuoir te faut mettre.

LXXXIX.

La loy foubs qui l'eſtat ſa force a priſe,
Garde la bien, pour goffe qu'elle ſoit :
Le bon heur vient d'où lon ne s'apperçoit,
Et bien ſouuent de ce que lon meſpriſe.

LXXXX.

Fuy ieune & vieil de Circe le bruuage:
N'eſcoute auſſi des Serenes les chants,
Car enchanté tu courrois par les champs,
Plus abruty qu'vne beſte ſauuage.

LXXXXI.

Vouloir ne fault choſe que lon ne puiſſe,
Et ne pouuoir que cela que lon doit,
Meſurant l'vn & l'autre par le droit,
Sur l'eternel moule de la Iuſtice.

LXXXXII.

Changer à coup de loy & d'ordonnance,
En faiɛt d'eſtat eſt vn poinɛt dangereux :
Et ſi Lycurgue en ce poinɛt fut heureux,
Il ne fault pas en faire conſequence.

LXXXXIII.

Ie hay ces mots, De puiſſance abſoluë,
De plein pouuoir, De propre mouuement :
Aux ſainɛts Decrets ils ont premierement,
Puis à nos loix, la puiſſance tolue.

LXXXXIIII.

Croire leger, & soudain se resoudre,
  Ne discerner les amis des flateurs :
  Ieune conseil, & nouueaux seruiteurs,
  Ont mis souuent les hauts estats en poudre.

LXXXXV.

Dissimuler est vn vice seruile,
  Vice suiuy de la desloyauté :
  D'où sourd és cueurs des grands la cruauté,
  Qui aboutit à la guerre ciuile.

LXXXXVI.

Donner beaucoup sied bien à vn grand Prince,
  Pourueu qu'il donne à qui l'a merité,
  Par proportion, non par equalité,
  Et que ce soit sans fouler sa prouince.

LXXXXVII.

Plus que Sylla c'est ignorer les lettres,
  D'auoir induit les peuples à s'armer :
  On trouuera les voulant desarmer,
  Que de subiects ils sont deuenus maistres.

LXXXXVIII.

Ry si tu veux vn ris de Democrite,
  Puis que le monde est pure vanité :
  Mais quelquefois touché d'humanité,
  Pleure noz maux des larmes d'Heraclite.

LXXXXIX.

A l'estranger sois humain & propice,
Et s'il se plainct incline à sa raison :
Mais luy donner les biens de la maison,
C'est faire aux tiens & honte & iniustice.

C.

Ie t'apprendray, si tu veux, en peu d'heure,
Le beau secret du breuuage amoureux :
Ayme les tiens, tu seras aymé d'eux :
Il n'y a point de recepte meilleure.

CI.

Crainte qui vient d'amour & reuerence,
Est vn appuy ferme de Royauté :
Mais qui se faict craindre par cruauté,
Luy mesme craint, & vit en deffience.

CII.

Qui sçauroit bien que c'est qu'vn Diadéme,
Il choisiroit aussi tost le tombeau,
Que d'affeubler son chef de ce bandeau :
Car aussi bien il meurt lors à soymesme.

CIII.

De iour, de nuict, faire la sentinelle,
Pour le salut d'autruy tousiours veiller,
Pour le public sans nul gré trauailler,
C'est en vn mot ce qu'Empire i'appelle.

CIIII.

Ie ne veis onc prudence auec ieuneſſe,
  Bien commander ſans auoir obey,
  Eſtre fort craint, & n'eſtre point hay,
  Eſtre Tyran, & mourir de vielleſſe.

CV.

Ne voiſe au bal, qui n'aymera la danſe,
  Ny au banquet qui ne voudra manger,
  Ny ſur la mer qui craindra le danger,
  Ny à la Cour qui dira ce qu'il penſe.

CVI.

Du meſdiſant la langue venimeuſe,
  Et du flateur les propos emmielez,
  Et du moqueur les brocards enfielez,
  Et du malin la pourſuitte animeuſe :

CVII.

Hayr le vray, ſe feindre en toutes choſes,
  Sonder le ſimple à fin de l'attraper,
  Brauer le foible, & ſur l'abſent draper,
  Sont de la Cour les œillets & les roſes.

CVIII.

Aduerſité, desfaueur, & querelle,
  Sont trois eſſais pour ſonder ſon amy :
  Tel a ce nom qui ne l'eſt qu'à demy,
  Et ne ſçauroit endurer la coupelle.

CIX.

Ayme l'eſtat tel que tu le vois eſtre :
  S'il eſt royal, ayme la Royauté,
  S'il eſt de peu, ou bien communauté,
  Ayme l'auſſi, quand Dieu t'y a faict naiſtre.

CX.

Il eſt permis ſouhaiter vn bon Prince,
  Mais tel qu'il eſt, il le conuient porter :
  Car il vaut mieux vn tyran ſupporter,
  Que de troubler la paix de ſa prouince.

CXI.

A ton Seigneur & ton Roy ne tè iouë,
  Et s'il t'en prie, il t'en faut excuſer :
  Qui des faueurs des Roys cuide abuſer,
  Bien toſt, froiſſé, choit au bas de la rouë.

CXII.

Qui de bas lieu (miracle de fortune
  En vn matin t'es haulſé ſi auant,
  Penſes tu point que ce n'eſt que du vent,
  Qui calmera, peut eſtre ſur la brune?

CXIII.

L'eſtat moyen eſt l'eſtat plus durable :
  On voit des eaux lld plat pays noyé,
  Et les haults monts ont le chef foudroyé :
  Vn petit tertre eſt ſeur & agreable.

13

CXIIII.

De peu de biens nature fe contente,
   Et peut fuffit pour viure honneftement :
   L'homme ennemy de fon contentement,
   Plus a & plus pour auoir fe tourmente.

CXV.

Quand tu verras que Dieu au ciel retire
   A coup à coup les hommes vertueux,
   Dy hardiment, l'orage impetueux
   Viendra bien toft efbranler ceft Empire.

CXVI.

Les gens de bien ce font comme gros termes,
   Ou forts piliers, qui feruent d'arcs-boutans,
   Pour appuyer contre l'effort du temps
   Les haults eftats, & les maintenir fermes.

CXVII.

L'homme fe plaint de fa trop courte vie,
   Et ce pendant n'employe où il deuroit
   Le temps qu'il a, qui fuffir luy pourroit,
   Si pour bien viure auoit de viure enuie.

CXVIII.

Tu ne fçaurois d'affez ample falaire
   Recompenfer celuy qui t'a foigné
   En ton enfance, & qui t'a enfeigné
   A bien parler, & fur tout à bien faire.

CXIX.

Es ieux publics, au theatre, à la table,
  Cede ta place au vieillard & chenu :
  Quand tu feras à fon aage venu,
  Tu trouueras qui fera le femblable.

CXX.

Cil qui ingrat enuers toy fe demonftre,
  Va augmentant le loz de ton bienfaict :
  Le reprocher maint homme ingrat a faict :
  C'eft fe payer, que du bien faire monftre.

CXXI.

Boire, & manger, s'exercer par mefure,
  Sont de fanté les outils plus certains :
  L'excez en l'vn de ces trois, aux humains
  Hafte la mort, & force la nature.

CXXII.

Si quelquefois le mefchant te blafonne,
  Que t'en chault il? helas, c'eft ton honneur :
  Le blafme prend la force du donneur :
  Le loz eft bon, quand vn bon nous le donne.

CXXIII.

Nous meflons tout, le vray parler fe change :
  Souuent le vice eft du nom reueftu
  De la prochaine oppofite vertu :
  Le loz eft blafme, & le blafme eft louange.

CXXIIII.

En bonne part ce qu'on dit tu dois prendre
 Et l'imparfaict du prochain supporter,
 Couurir sa faulte, & ne la rapporter,
Prompt à louer, & tardif à reprendre.

CXXV.

Cil qui se pense & se dit estre sage,
 Tien le pour fol, & celuy qui sçauant
 Se faict nommer, sonde le bien auant,
Tu trouueras que ce n'est que langage.

CXXVI.

Plus on est docte, & plus on se deffie
 D'estre sçauant : & l'homme vertueux
 Iamais n'est veu estre presomptueux.
Voila des fruicts de ma philosophie.

CINQ SONETS

DVDICT

Sr DE PYBRAC

CINQ SONETS DVDICT

Sʳ DE PYBRAC

LVCRECE ROMAINE.

Sous l'effort malheureux de l'impudique force
  Mon corps resta vaincu, & mon esprit vainqueur.
  Le sang du coup mortel, dont ie nauray mon cœur,
  Expia le plaisir de la charnelle amorce.

Ie fis voir au Romain que la Dame qu'on force,
  (Bien qu'il semble qu'entier luy demeure l'honneur)
  Excuser lon ne doit, si son forcé malheur,
  Estaindre par sa mort de sa main ne s'efforce.

Ainsi donc i'effaçay l'effort qu'on m'auoit faiɛt,
  Et vengeant de ma main en moy l'autruy forfaiɛt,
  Ie me donnay la mort pour preuue d'innocence.

Nulle par mon exemple impudique viura,
  Et nulle à son honneur honteuse suruiura :
  Qui suruit son honneur, il a part à l'offense.

———————

VIRGINIE ROMAINE.

Pour sauuer mon honneur contre vn Iuge execrable,
   Qui, feignant de doubter de ma condition,
   Adiugeoit ce pendant vne prouifion
   Deffus ma chafteté, non iamais reparable :

En la fleur de mes ans mon pere miferable,
   Forcé de mon defir, & de la paffion
   De mon chafte vouloir, plein de compaffion,
   M'octroya de fa main vn mourir honorable.

Lucrece fut rauie, & vierge ie moureus :
   Nous auons bien cela de commun toutes deux,
   Que nos morts ont changé l'eftat de la patrie :

Mais la mienne chaffa hors de Rome dix Rois,
   Et la fienne vn feul Roy. Donques Rome, tu dois
   Dix fois plus qu'à Lucrece, à moy ta Virginie.

PORCIE FEMME DE BRVTVS.

Lucrece non du faict, ains de la coulpe exempte,
  Se tua de fa main : Virginie tendit
  A fon pere le col, fi tost qu'elle entendit
  Du paillard Magistrat l'ordonnance mefchante.

De l'amour coniugal la flamme estincellante,
  Qui viuant mon efpoux, illustre me rendit,
  Luy mourant, embraʒa le charbon qui ardit
  Mon cœur demy-brulé de l'ardeur precedente.

Lucrece & Virginie eurent la mort heureufe :
  Mais non pas comme moy, qui mourus amoureufe,
  Sans qu'on vist mon honneur affailly ny vaincu.

Quelle autre auffi que moy eut vn Caton pour pere,
  Vn Brutus pour mary, vn Cæfar aduerfaire,
  Et pour champ de l'honneur vn fiecle corrompu?

CORNELIE ROMAINE.

Ces deux freres Tribuns, qui par la vehemence
   D'vn parler mesuré, & par nombreus escripts,
   Des plus doctes Romains captiuoient les esprits,
   Et les faisoient mouuoir au son de leur cadence :

Ces deux Gracches fameux, furent en leur enfance,
   Non d'vn Grec affranchy enseignant pour le pris,
   Ains par moy Cornelie heureusement appris,
   Moy-mesme leur seruant d'exemple d'eloquence.

Ie fus mere des deux, tous les deux i'esleuay,
   Et du laict de Pitho, enfans, les abreuay,
   Versant ce doux Nectar dessus leur bouche tendre.

Que nous sert d'enfanter des fils pour les laisser
   A vn vil mercenaire, à fin de lès dresser ?
   Qui enseigne ses fils, doublement les engendre.

DIDO ROYNE DE CARTHAGE.

Couurir du sang des miens le Libyque riuage,
   Embraʒer nos autels, & rauir sans raison
   La Sicile & Sardaigne à ceux de ma maison,
   Et rendre iniustement tributaire Carthage :

Cela deuoit suffir à ta cruelle rage,
   Rome, sans me liurer par mortelle achoison,
   Soubs le miel d'vne fable vne amere poison,
   Qui flestrit à iamais l'honneur de mon veufuage.

Ie ne vis onc cheʒ moy ton fugitif Ænee :
   Ma ieunesse passa soubs vn sainct hymenee,
   Et veufue i'ay vescu chaste iusqu'au tombeau.

Tutelaire Iunon, permettras tu que Rome,
   Pour vn traistre honnorer impudique me nomme,
   Elle qui d'vne Louue est nee en vn bord'-d'eau ?

Pardonneʒ à Dido si l'ire la surmonte,
   Il s'en faut prendre au tort que Rome luy a faict.
   La Dame à qui ne chault du blasme d'vn tel faict,
   Meurtriere de l'honneur faict gloire de sa honte.

FIN.

LES

VERS FRANCOIS

DV SIEVR DE PYBRAC,

SVR LES PLAISIRS DE

la vie Ruftique :

*Auec la continuation, & augmentation
du mefme autheur.*

A PARIS,

De l'Imprimerie de FEDERIC MOREL
Imprimeur ordinaire du ROY.

M. D. LXXXIIII.
Auec Priuilege dudict Seigneur.

A M. DE RONSARD

SONNET.

Si ores eloigné de l'importune preſſe
Du penible Barreau, des vers par fois i'eſcris :
I'imite en ce faiſant les plus rares eſpris
Des vieux peres Romains, & de l'antique Grece.

Ce grand Caton François encor en ſa vieilleſſe
De la ſainᶜte fureur des neuf Muſes épris,
Graua l'iniuſte ·exil dans ſes nombreux eſcris,
D'vn burin aceré de profonde ſageſſe.

Par là ie ne pretens à ces ouuriers parfaits
M'egaler, ny aux vers, Ronſard, que tu as faiᶜts,
Guidant le fils d'Heᶜtor ſur la Gauloiſe riue.

S'efforce qui voudra le laurier meriter,
Quant à moy, ie n'eſcris ſinon pour euiter
Les trompeuſes douceurs d'vne langueur oiſiue.

———————

Les vers François du Sieur de Pybrac, fur les plaifirs de la vie Ruftique.

Pybrac, ie te faluë, & toy Bocconne fainēte,
Et vous couftaux vineux, qui d'vne double ençeinte
Emmurez le terroir, où d'vn cours eternel
Deux ruiffelets roulans par mon champ maternel,
Non gueres loin de là fe vont perdre dans l'onde,
Et dans le large fein de Garonne profonde.
  Ie vous faluë auffi, ô Nymphes de ce lieu,
Et de ce mien chafteau, ô tutelaire Dieu,
Qui feul as conferué par ta foigneufe garde
Tout ce qu'en ce pourpris maintenant ie regarde,
Soit arbres ou maifon, que les feux ennemis
Sans toy dernierement euffent en cendre mis :
Lors que Garonne on veit couuerte de fumee,
Et du brandon ciuil la Gafcongne allumee,
Et lors que l'Alemand la France trauerfa,
Yure de noftre fang, que Difcord luy verfa

Au gré de l'Espagnol, qui ne prend asseurance
Que sur l'astre fatal du discord de la France.

    Dieu, destourne de nous ce malheur & mechef,
Ne permets, s'il te plaist, que France derechef,
Pour garantir l'Estat du voysin, diuisee,
En ses tragiques pleurs luy serue de risee :
Ains donne à nostre Roy la force & le vouloir
De renger par douceur ses sujets au deuoir.
Assiste luy, Seigneur : fay, Seigneur, qu'il prospere,
Comme faisoyent iadis ses ayeulx & son pere,
Auant que le discord ciuil eust de ses mains
Couuert le champ François de meurtres inhumains.

    Ie suis ores au lieu, où enfant ie me vey
Par les mains de Pitho dans le berceau rauy :
Pitho fille du ciel, Deesse d'Eloquence,
Qui, fiere, mesprisant le jargon de la France,
Ne daignoit caresser d'vn seul regard humain,
Que l'Attique barreau, ou celuy du Romain.

    Elle esprise de moy, se panchant sur ma couche,
Vn ruisselet de miel me versa dans la bouche :
De ses riches thresors en baisant la doüa,
Et deslors à iamais au public la voüa,
Luy faisant part du suc, mesme au veu de Mercure,
Dont de Maie le fils prenoit sa nourriture :
A fin que comme luy d'vn parler gracieux,
Ie peusse quelquesfois flechir mesme les Dieux,
Ou messager Royal en estrange prouince,
D'vn discours attrayant proffiter à mon Prince.

    I'ouy qu'elle disoit, ayant trois fois iuré,
Cest enfant quelque iour d'vn parler mesuré,
Des plus doctes François charmera les oreilles :

Soit qu'il vueille conter les antiques merueilles,
Des vieux Grecs & Romains, ou d'vn accent plus bas
Demefler dextrement les proceffifs debas,
Accouplant comme il faut l'honnefte auec l'vtile,
Et la douce equité auec la loy ciuile :
Ou que pour foulager par vn plaifir nouueau,
Le iournalier trauail du penible Barreau,
Il guide de fa voix les Mufes à la danfe,
Et les face mouuoir au fon de fa cadance :
Ou foit que commandé, pour la France vanger,
Il vueille s'oppofer à l'efcrit eftranger,
Et defiant le temps d'vne plume immortelle
Souftenir, courageux, de fon Roy la querelle.
    Pitho difoit ainfi, & mon pere l'oyant,
Les yeux fichez au ciel, de ioye larmoyant,
Humbles graces, deuôt, rendit à la Deeffe,
Et pour moy volontiers accepta la promeffe.
    Or fi tel ie ne fuis, comme elle auoit promis,
Si puis-ie depofer au fein de mes amis,
Que i'ay veu mille fois le Senat de la France
Honorer mes difcours d'vn eftonné filence :
Et que par vn fentier de peu d'hommes frayé,
Ie me fuis des premiers de mon ordre effayé
Faire voir au Barreau la Romaine richeffe,
Et le champ plantureux de la feconde Grece,
Me feruant des outils, que iadis affembloit
Celuy qui foudroyer en Athenes fembloit :
Soit qu'il fe prefentaft au milieu de la place
Pour s'oppofer aux grands, ou pour rompre l'audace
Du peuple mutiné, ou pour faire ranger
Tous les Grecs d'vn accord encontre l'eftranger.

Mais, helas! qu'ay-ie dit? il faut que ie confeſſe
Que ce n'eſt ne Phebus, ne Pitho la Deeſſe,
Ne Minerue aux yeux verds, ne ces trompeurs Eſprits,
Dont la menteuſe Grece a rempli ſes eſcrits,
Ny des flambeaux du ciel l'innumerable troupe,
Ny le doux ſommeiller ſur la iumelle croupe,
Ny le ſurjon de l'eau iadis tant renommé :
Bref, tout ce que lon a du nom de Dieu nommé
Es prophanes eſcrits, ne m'a iamais fait eſtre
Ce peu qu'ores ie ſuis : Du vray Dieu i'ay mon eſtre,
De luy ſeul la raiſon, le parler, le ſçauoir,
Le diſcours, l'intellеЄt, la force, le vouloir.

Ces faux Dieux menſongers, de Satan la ſemence,
Où l'aueugle Payen mettoit ſon eſperance,
Leur dreſſant des autels, des prieres & vœux,
N'ont pouuoir de changer vn poil de nos cheueux :
Mais le Dieu que ie ſers, eſt celuy d'où procede
Tout ce que le mortel en ce monde poſſede,
Hormis vice & peché : qui d'vn ſoin paternel
Nous guide par ſon fils au repos eternel.

Aux piés de la grandeur de ſa Majeſté haute,
Ie luy offre ce Fils pour rançon de ma faute :
L'eſpoir de mon ſalut eſt en Chriſt attaché :
Car nul autre que luy fait grace du peché.

Arriere donc de moy ces fables ja moiſies,
Et le feint ornement des vieilles poëſies :
On ne m'orra pour Dieu Iupiter reclamer,
Ne ſon frere Neptune és perils de la mer :
Du ſeul Dieu des Chreſtiens humble ſerf ie m'auouë,
Et tout autre à Seigneur que luy ie deſauouë.
Il m'a dés le berceau heureuſement guidé,

Et pouſſé plus auant que ie n'euſſe cuidé :
Lors que ie veux parler la langue il me deſlie,
Et m'apprend mot à mot comme il faut que ie die.
Il m'a les yeux ouuerts pour du haut firmament
Contempler à ſon los le reiglé mouuement,
Et des Aſtres roulans la plaiſante carole,
Et l'immobile poinct de l'vn & l'autre Pole.

    Le Ciel eſt de ſa main vn chef-d'œuure parfait,
Pour à l'homme ſeruir toutesfois il l'a faict :
Le Ciel eſt fait pour nous, le Soleil pour nous torne,
Et la Lune pour nous eſclaire de ſa corne,
Quand ſon frere a conduit dans l'humide ſeiour
Ses cheuaux haraſſez de la courſe du iour.

    Les Eſtoiles auſſi & fixes & errantes,
Et de tant d'animaux les formes differentes,
Qu'au cercle du Soleil les doctes peuuent voir,
Sont autant de teſmoins du peu ſoigneux deuoir
Que nous rendons à Dieu, qui ſon image ſaincte
(Sans l'auoir merité) a dedans nous emprainte.
Mais, ma Muſe, repren le propos auancé,
Et m'aide à ſalüer comme i'ay commencé.

    Ie te ſalüe donc, Toy voiſin heritage
De ce docte Bunel, vray honneur de noſtre âge,
Qui iadis eſcriuant Ciceron effaçoit,
Quand à l'ennuy de luy quelque epiſtre traçoit :
Et comme vn Socrates, par ſa docte ignorance
Des Sophiſtes bauards confondoit l'arrogance.

    Le premier & plus grand de mes heurs, eſt d'auoir
Ioüy preſque trois ans du fruict de ſon ſçauoir,
Lors que par amitié la peine il daigna prendre
De m'ouurir les ſecrets du maiſtre d'Alexandre :

Et fur le moule vieux de l'Orateur Romain
Dreſſa les ieunes traits de ma floüete main :
Que ſi mort il ne fuſt ſi toſt, i'euſſe (peult eſtre)
Merité d'eſtre dict diſciple d'vn tel maiſtre.

   Ie te faluë auſſi, Iardin, le feul plaiſir
De mon pere & feigneur, lors qu'il print le loiſir
Sur la fin de fes ans de cultiuer les plantes,
Et peupler les vergers de mille fortes d'antes :
Comme faifoit iadis ce Dictateur Romain,
Qui d'honneurs aſſouuy labouroit de ſa main
Le champ de peu.d'arpens, & en maifon petite
Refufoit, liberal, les threfors du Samnite.

   O bien-heureux celuy, qui loin des Courtifans,
Et des palais dorez, pleins de foucis cuifans,
Sous quelque pauure toict, deliuré de l'enuie,
Ioüiſt des doux plaiſirs de la ruſtique vie !

   La trompette au matin ne l'eueille en furfaut,
Pour, hardy, des premiers fe trouuer à l'aſſaut :
Ou guindé fur le maſt d'vn vaiſſeau, n'importune
Par prieres & vœux le courroucé Neptune.
Il ne luy chault d'auoir la faueur des grands Rois,
Ny les premiers honneurs des iouſtes & tournois,
Les couronnes de prix richement eſtofees,
Ny les chars entaillez de fuperbes trophees,
Ou l'immortel laurier qu'à Pife lon donnoit
Aux enfans d'Apollo quand on les couronnoit.

   Se contente de peu, cultiue l'heritage,
Qui fans fraude eſt efcheu au lot de fon partage :
Les bornes de fon champ ne voudroit aduancer,
Ny prendre fur l'autruy fans le recompenfer :
Simple & droict en fon cœur, deteſte la malice,

Et sans auoir procez honore la Iustice.
Hors de crainte & danger, au long des clairs ruisseaux
Eslague de sa main les toffus arbrisseaux,
Dresse dans son verger des petites allees :
Mene paistre ses bœufs sur le soir aux vallees,
Au matin les conduit sur les tertres bossus,
Et au plus chauld du iour dans les antres mossus :
Pour sentinelle il a vn chien qui tout iour gronde,
Et autour du troupeau nuict & iour faict la ronde.
Quelquesfois se haulsant d'vn long bras estendu
Va cueillir le Certeau ou bien le Capendu,
La noix sur le chemin par son ayeul plantee,
Ou la grosse griotte en escusson entee :
Parfois aussi couché au pied des saules verds,
Sur leur escorce tendre escrit deux ou trois vers,
De ceux-là que Damon auec la chalemie
Entonnoit gayement pour Syle son amie,
(Syle, dont la beauté entre les filles luit,
Comme la Lune au plein sur les feux de la nuict :
Syle, l'honneur des champs, des Nymphes l'outrepasse,
Des Muses la dixiesme, & la quatriesme Grace)
Ou de ceux que Perot d'vn style douloureux,
Composa lors qu'il fut de Thoinon amoureux,
Thoinon qui dedaignoit les vers & leur cadance,
Et n'aimoit que les dons & l'or en abondance.
    Bref, en l'homme des champs on ne sçauroit choisir
Vn iour, heure ou moment sans honneste plaisir :
Car les plaisirs passez tousiours nouueaux retournent,
Selon que les saisons dans leur cercle se tournent.
Muse, tu le sçais bien : dy moy donc la raison
Des plaisirs qu'il reçoit en chacune saison.

Quand le Toreau du ciel le beau printemps decouure,
Et le sein de la terre auec ses cornes ouure,
Pour déclorre des fleurs l'escadron esmaillé,
Et que ja dans les eaux le poisson escaillé
Commence de frayer & la iument d'Espagne
Souz vn estrange Hymen de Zephir s'accompagne,
Et conçoit de ce vent le cheual, qui retient
La vitesse en courant du pere dont il vient :
Adonc l'homme des champs par l'herbe desia nee
Iuge peu pres peu moins quelle sera l'annee.
Car le verd brun du blé, qui d'vn esclat obscur
Brille dedans les yeux, luy donne vn espoir seur
Que de gerbe & de grain il comblera ses granges :
Et du bourgeon naissant fait estat des vendanges.
Les Rossignols tandis degoisent leurs fredons,
Les Agnelets bêlans foulent à petits bons
L'herbette dans les prez : la Genice lamente
Du Toreau dedaigneux l'amour qui la tourmente,
Fuit les pastis aimez, n'a cure de manger,
Es espineux halliers seule se va ranger :
S'escarte des troupeaux, des prez & des saulees,
Et mugit au plus creux des profondes vallees,
Portant le traict au flanc du Toreau indomté,
Qui plus se voit requis, moins a de volonté.
    Mais, ô Dieu, quel plaisir des Mousches ménageres
Appaiser doucement les coleres legeres
Par le son d'vn bassin, quand deux Rois ennemis
En bataille se sont auec leurs troupes mis,
Pour departir les fleurs du prochain heritage,
Ou vanger des Freslons & des Guespes l'outrage !
    Las, petits animaux, en vous chacun peult voir

Des Roys & des sujets le naturel deuoir!
Voſtre police auſſi, quand bien on la contemple,
Au legitime Roy ſert de moule & d'exemple.

  Iadis le Mantuan d'vn accent doucereux
Sur le Mince chanta de voſtre eſtat heureux
Les edicts & les loix, la force, la Iuſtice,
De la cire & du miel l'ordinaire exercice,
Et tout ce que lon peut en voſtre eſtat vanter :
Ie ne ſuis ſi hardi apres luy vous chanter.
Il faudroit que le miel qui des ruches diſtile
D'Hymette, comme à luy, euſt adouci mon ſtyle.
Ce loz ſoit reſerué au chantre Vandomois,
Qui peult, quand il luy plaiſt, egaler de ſa voix
Les accords plus hautains de Virgile & d'Homere,
Et les fredons mignards qu'à Thebes on reuere.

  Sans doncques plus auant du propos m'égarer,
Ie dy que lors qu'on voit les champs ſe bigarrer
De boutons & de fleurs, adonc l'homme champeſtre
Reçoit mille plaiſirs : Soit qu'il regarde paiſtre
Ses vaches & ſes bœufs, & le troupeau menu :
Ou qu'il voiſe nombrer, quand le ſoir eſt venu,
Les agnelets au parc pour en ſçauoir le conte,
Et du beurre vendu, & à quoy le laict monte :
Ou ſoit qu'au poinct du iour d'vn bouton nouuelet
De quelque franc roſier il face vn chapelet
Aux Faunes, citoyens de la foreſt voiſine,
Ou à la Terre mere, honorant ſa geſine.

  Mais en l'autre ſaiſon, que le champ verdiſſant
A de l'or emprunté le beau teint iauniſſant,
Et que proche de nous le Soleil nous regarde,
Et par l'œil du Lyon ſes chauds rayons nous darde :

Adonc *sur le matin quand il entend passer*
Ses voysins qui s'en vont la iauelle amasser
Dedans le champ coupé, au lict point ne s'amuse,
Ains d'vn sault se leuant sa paresse il accuse,
Esueille Marion, qui ronflant reposoit,
Et voudroit bien encor dormir si elle osoit :
Il la haste d'aller : elle en fin prend courage,
Et d'vn desir egal se met à son ouurage :
Se coiffe sans miroir, ne luy chault se parer,
Ne par art les laideurs de son corps reparer :
L'Arsenic calciné, le Talc, & la Ceruse,
Et ce dont l'Espagnol en ses pomades vse,
Que les Dames de Court ont si bien retenu,
Pour desguiser leur teint & leur poil ia chenu,
Est par elle ignoré, & ne voudroit pas estre
Que telle qu'il a pleu à Dieu la faire naistre.

Frisotter ses cheueux en mille tortillons,
De son front labouré applanir les sillons,
Rehaulser les tetins, & ses mains tauelees
Les faire deuenir blanches & potelees
N'a cure ne soucy, ne de bien deuiser,
Ne de lire Amadis, ou de Petrarquiser :
Des humides baisers ne sçait les mignardises,
Ne des muguets transis les ruses & feintises.

Au poinct du iour s'en va dans son iardin cueillir
Des choux ou des porreaux pour les mettre bouillir :
Apres dans son mortier vn peu de safran broye,
Et tire du charnier vn petit morceau d'Oye,
Iette tout dans le pot, qu'elle met sur le feu,
Du vent de son poulmon allumant peu à peu
Les buchettes qu'elle a és taillis amassees,

Et pour mieux les porter en faiſceaux entaſſees.
  Mais auant que vouloir couper de ſon couſteau
Le pain deſia raſſis, ou le tendre tourteau,
Ioignant ſes noires mains à deux genoux ſe iette,
Fait ſa priere à Dieu, qui point ne la reiette :
Car du pauure affligé la clameur il entend,
Luy donne ce qu'il faut, & mieux qu'il ne pretend.
D'vn eſpoir aſſeuré humblement luy demande,
Non ia que ſon mari, deuenu Roy, commande
Au More baʒané, au Perſe & au Gelon,
Au Cantabre indomté, & au Scythe felon,
Ou que Monarque vray preſſe ſous ſa couronne
Tout ce que l'Ocean de ſes bras enuironne :
Mais bien que ſa bonté daigne en toute ſaiſon
En douce paix tenir ſa petite maiſon :
Qu'il luy plaiſe eſcarter hors de la fantaſie
D'elle & de ſon mari la folle Ialouʒie :
Que leurs enfans communs les tauernes hanter
Ne vueillent, ne iamais les truans frequenter :
Que la fille, qui ia preſte à mari ſe montre,
Auec petite dot par heureuſe rencontre,
En honneſte maiſon ils puiſſent heberger
Cheʒ quelque laboureur, ou cheʒ vn bon berger :
Que l'vſurier mechant, qui dés long temps aguigne
Et hume de ſes yeux le cloſeau de leur vigne,
En ſes papiers iournaux ne les puiſſe accrocher,
Ne de leur pauure toiſt le gendarme approcher,
Ou le ſoldat larron, qui pille & qui ſaccage
Iuſques au moindre outil ſeruant au labourage,
Et oſe bien ſouuent en plein iour s'efforcer
De meurtrir le mari pour la femme forcer.

Ayant ainſi prié, de deux mains elle coupe
Des tranches de pain bis pour en faire la ſoupe,
Y meſlant quelque peu d'vn fromage moiſi,
Qu'elle a dedans la paille entre pluſieurs choiſi,
Propre pour au brouët donner ſaueur & pointe,
Ou pour renouueller la ſoif deſia eſteinte :
Puis prend le pot en main, le reinſe de claire eau,
Par vn degré tremblant deuale en ſon caueau,
D'vn muid preſque failli, qui à peine degoutte,
En fin ſon petit pot elle emplit goutte à goutte.
Haſtiue s'en reua là haut où ſur vn ais
De ce ſobre diſner dreſſe l'vnique mets,
Le charge ſur ſon chef, & courant d'allegreſſe
Va trouuer ſon mari que la faim deſia preſſe :
Car depuis le matin qu'à l'œuure il s'eſt rangé,
Sans ceſſe trauaillant il n'a beu ne mangé.
Tous deux au coin du champ ſe couchent deſſus l'herbe,
Et pour table & buffet n'ont qu'vn faiſceau de gerbe :
Là mangent gayement leur potage & leur chair,
Et boiuent à l'enui ſans rien ſe reprocher.

Le Mercure broyé, & la froide Cicuë,
Et l'Aconite noir, qui plus promptement tuë,
Et les gouttes de l'eau de ce lac bitumeux,
Et le ſang diſtillé d'vn Toreau eſcumeux,
Et le preſent que fit Deianire à Hercule,
Et le Veratre pris deſſous la Canicule,
Et ce ſang cailloté, qui prend deſſus le front
Du poulain frais naiſſant, dont les marâtres font
Les philtres veneneux, pour attacher la rage
Des amoureux bouillons en vn chaſte courage :
En ſomme & Canidie, & Medee, & leur art,

Et tout ce qu'a depuis inuenté le Lombard,
Et du fin Calabrois l'auarice & l'enuie,
Pour abreger les iours trop cours de noſtre vie,
N'a oncque de ceux-cy le courage eſmayé,
Et mangeant & beuuant l'vn ou l'autre effrayé :
Car bien que deſireux ils ſoyent tous deux de viure,
Ils ne voudroyent pourtant l'vn à l'autre ſuruiure.

　　Ayant donc ainſi pris enſemble leur repas,
La femme s'en reua au logis pas à pas,
Et laiſſe le mari, qui courbé teſte nuë,
Affublé ſeulement du ciel & de la nuë,
La faucille en la main ne ceſſe de couper
Le blé, iuſques à tant qu'il faille aller ſouper.

　　Phebus eſt lors couché, & defia la nuiƐt ſombre
Tout ce que noſtre œil voit embrunit de ſon ombre :
Les hurlemens des loups defia de toutes parts
Effroyent les moutons au milieu de leurs parcs :
Les maſtins courageux aboyans leur reſpondent,
Et rodans les troupeaux, entr'eux-meſmes ſe grondent :
Les bergeres au bruit des maſtins eſueillees
L'vne à l'autre crians teſmoignent leurs veillees :
On n'y voit du tout rien : Car le ciel eſtoilé,
D'vn orage eſpeſſi de tous coſteꝫ voilé,
De ſes menus flambeaux la lumiere refuſe,
Et pres de ſon amy qui dort, Phebe s'amuſe.
Il n'en chault à Colin : car ſans ſe foruoyer
Il iroit à yeux clos iuſques dans ſon foyer.

　　Du champ à l'heure il part, ſes outils il emporte,
Et trouue Marion qui l'attend ſur la porte :
Se mettent à ſouper d'vn appetit pareil.
Mais apres le repas pour frauder le ſommeil,

Content des temps heureux de leur chaste hymenee,
Ou deuisent des grains qu'ils auront ceste annee,
Ou des seps se courbans au poix de leurs raisins,
Sans detracter iamais de l'honneur des voysins.
   Le mary plus lassé le premier se despouille,
Elle chiche du temps met au flanc sa quenouille,
Et remouillant ses doigts acheue son fuseau,
Ou deuide au rouet vn entier escheueau :
Puis sans faire nul bruit pres du mari se couche,
Desrobant doucement vn baiser de sa bouche:
Le reste par honneur ie ne veux publier,
Mais ie ne puis aussi bonnement oublier
A dire que la nuiêt leurs amoureuses flames
Esgalent bien souuent les faueurs des grand's Dames:
Si leurs liêts estoffez ne sont si richement,
Pour le moins on n'y gronde, on n'y iure, on n'y ment :
Si elles n'ont l'attrait de tant de mignardises,
Leurs cœurs aussi ne sont pleins de tant de feintises :
Si de musc parfumé ou d'ambre n'est leur sein,
Pour le moins on se peut asseurer qu'il est sain,
Et qu'au partir de là on ne prend medecine,
Ou le breuuage faiêt de Gaiac, ou d'Esquine.
   On dit que Chasteté en tous lieux habitoit,
Et les villes & bourgs sans nul choix frequentoit,
Iadis és iours premiers de la saison doree,
Quand la terre de soy sans estre labouree,
Plantureuse, donnoit en tout temps aux humains
Toutes sortes de fleurs, & de fruiêts, & de grains.
Les Pins lors sur les monts pendoyent par la racine,
Et voisinans le ciel dedaignoient la marine :
Les Loups, & les Lyons, & les Tigres legers,

Compagnons des Moutons, careſſoyent les Bergers :
Auſſi l'homme n'auoit adonc ſon ame attainte
De vice & de peché, de douleur & de crainte :
L'homicide metal encores non foüillé,
N'auoit de ſang humain la campagne ſouillé.

    Mais deſlors que Saturne au haʒard de ſa vie,
De la Crete fuyant, ſurgit en Italie,
Et illec ſe muſſa pour la rage euiter
De l'aiſné de ſes fils, qu'on nommoit Iupiter :
Adonc l'Impieté, la Fraude, la Malice,
Et tout ce que lon peult nommer du nom de vice,
Coula furtiuement en l'eſprit des mortels,
Et deſlors aux Dieux faux on dreſſa des autels.
La Chaſteté quittant adonc ceſte contree,
S'en-uoloit dans le ciel auec la vierge Aſtree,
Sans le dueil eſploré, & les ſouſpirs trenchans
De ceux-là, qui pour lors habitoyent dans les champs :
Auec eux s'arreſta, & encor à ceſte heure
Loin des grandes cités fait aux champs ſa demeure.

    Mais ſa femme & Colin pourroient bien ſommeiller
Vn peu trop longuement, il les faut eſueiller :
Or ſus donc, leueʒ-vous, chacun de vous s'appreſte :
Vous oublieʒ qu'il eſt auiourd'huy voſtre feſte,
Que vous aueʒ prié à diſner vos amis,
Qui ia pour n'y faillir en chemin ſe ſont mis.

    Marion s'eueillant, du lict premiere ſaute,
Et au Soleil ia haut s'apperçoit de ſa faute :
Toutesfois elle eſpere en peu d'heure auancer
Si bien, que ſon mari n'aura dequoy tancer.
Met deux buches au feu, le feu ſoudain s'allume :
Son Oyſon eſtouffé à l'inſtant elle plume,

Le trempe dans l'eau chaude, & du bout du cousteau
Arrache le duuet qui tient contre la peau,
Luy croise les deux piés, & puis soudain l'esuentre,
Et d'vn fars bien menu luy fait vn autre ventre.
Tandis en grommelant le Cochon de laiſt court
Apres ſa mere truye és paſtis de la court :
Elle le prend, le tüe, & le pelle, & l'embroche,
Et le fait compagnon de l'Oyſon en la broche.
De ces meurtres ſanglans le Chapon effrayé,
Se ſauuer ſur le toiſt en vain s'eſt eſſayé,
Car Colin d'vn baſton l'aſſene ſur la teſte :
Il tombe mort du toiſt, & ſoudain on l'appreſte.
Ne voyla pas dequoy ſes amis feſtoyer,
Sans qu'il faille au marché de la ville enuoyer ?
   Le diſner eſtoit preſt, la nappe deſia miſe,
Quand Colin tout à coup, bien ſage, ſe rauiſe,
(Afin que cy apres n'en puiſſe eſtre repris,
Et blaſmé iuſtement d'erreur ou de meſpris)
Qu'il ne faut ja paſſer, quelque affaire qui preſſe,
Le matin d'vn tel iour ſans auoir ouy Meſſe.
Pour doncques n'y faillir, va tirer viſtement
Du coin de ſon eſtable vn cheual, ou iument :
Le bride, & fait ſeruir ſon paletoc de houſſe,
Monte leger deſſus, & prend ſa femme en trouſſe.
Le cheual talonné commence à galoper,
Sans faire vn ſeul faux pas, & ſans iamais choper :
Toutesfois Marion fait ſemblant de ſe craindre,
Pour embraſſer Colin, & plus ferme l'eſtraindre.
   A bonne heure arriuez, chacun d'eux ſe depart :
Le mary d'vn coſté, la femme en autre part :
Ils oyent attentifs ce qu'au proſne lon mande,

Et chacun à ſon tour va porter ſon offrande :
Es myſteres de foy captiuans leur raiſon,
En toute humilité font à Dieu l'oraiſon
Que luy meſme a daigné par ſon fils nous apprendre,
Pour nos neceſſitez en peu de mots comprendre.
Le ſeruice acheué, s'en reuont viſtement
D'où ils eſtoyent partis, montez comme deuant.
Des amis conuiez la bande ia venuë,
Fait du petit logis ce pendant la reueuë,
Meſure à pas contez le verger eſcarré,
Et s'ébahit de voir encores bigarré
De fleurs le iardinet, veu l'ardeur violante,
Et du celeſte Chien la flamme eſtincelante.

   Mais Colin du paruis s'eſcriant dit ainſi,
Mes amis, vous ſoyez les bien venus ici,
Il me deſplaiſt par trop vous auoir faiƈt attendre :
Noſtre Curé eſt long, il s'en faut à luy prendre,
Ioint qu'il a bien voulu ce iourd'huy faire voir
Que s'il vouloit preſcher, il en a le ſçauoir :
C'eſt meſſire René, qu'à tort on ſouſpeçonne
De ce que vous ſçauez : il eſt bonne perſonne.

   Or ſus encore vn coup, Vous ſoyez bien venus,
Et Marion & moy vous ſommes trop tenus,
D'auoir daigné venir vn mauuais diſner prendre
En ce pauure cazot, & encore l'attendre.

   Lauons & nous ſeons, le cochon ſe morfont,
Ne faiſons entre nous comme nos femmes font,
Qui permettent ſouuent la nuiƈt qu'on les conuie
De ce dont elles ont en leur cœur bonne enuie.

   Voyla comment Colin ſes hoſtes ſemonnoit,
Et la place & le rang à chacun d'eux donnoit.

A la peau du cochon la brigade s'empongne,
Et ja tout defpouillé il fait piteufe trongne :
Quand Colin qui ne peut de caufer fe tenir,
Ie voudrois, mes amis (dit-il) me fouuenir
Du moyen que Catau nous contoit par merueilles,
Pour faire reuenir aux cochons les aureilles,
Et la peau, quand ils font du tout mis en pourpoint :
Croye que maintenant vous n'en chomerie point.

Le difner fe paffa à caufer & à rire,
Hors mis que fur la fin Michau fe print à dire,
Michau qui de bien loing l'aduenir cognoiffoit,
Et tout ce dont le Ciel la France menaçoit :
Michau l'oracle vray de toute la contree,
Qui des malheurs du temps ayant fon ame outree,
Par vn profond foufpir entama ce propos :

. Ne verrons-nous iamais ce païs en repos,
Mes amis, ce dit-il : helas, qu'eft deuenuë
De nos premiers ayeulx la prudence cogneuë ?
Fault-il que nous foyons à tous coups en danger
De voir nos champs couuerts du foldat eftranger ?
Douze ans y a & plus que par noftre folie
Nous fommes le ioüet d'Efpagne & d'Italie,
Et le butin certain du Reiftre empiftolé,
Qui non encores faoul des biens qu'il a volé,
A peine en fa maifon fes chariots defcharge,
Qu'il s'apprefte à venir faire nouuelle charge.

Va, Colin, prouigner tes vignes maintenant,
Pour, malgré toy, feruir d'enyurer l'Alemand :
Sois foigneux du troupeau, & du labeur champeftre :
Tes moutons & guerets changeront bien de maiftre.
Car Dieu eft contre nous iuftement irrité,

Et pis que nous n'aurons, nous auons merité.
   Ainſi diſoit Michau d'vne voix eſlancee,
Deſcouurant le ſecret de ſa triſte penſee,
Lors proche de ſa fin : car peu de iours apres
Laiſſant à ſes amis les larmes & regrets,
Et vn mortel effroy des cinquieſmes orages
Profondement graué en l'eſprit des plus ſages,
S'en-uola dans le ciel : où maintenant heureux
A ſon gré ſe repaiſt de l'obieɛt amoureux
De ce Pere benin, qui l'ame raſſaſſie,
Et eſt ſon vray Neɛtar & ſa ſeule Ambroſie.
   Quand Michau eut parlé, chacun ſe regardoit,
Et de tous les preſens nul ne ſe haʒardoit
D'ouurir autre propos : il fallut que luy meſme
Colorant d'vn ſous-ris vn peu ſa face bleſme,
Et meſlant la douceur auec ſa grauité,
Commença derechef : I'ay tort en verité,
Mes amis (ce dit-il) de tenir à la table
Vn ſi graue propos & ſi peu deleɛtable :
Laiſſons ces hauts deuis aux Rois & Empereurs,
Et parlons entre nous comme bons laboureurs.
   I'ay veu venant icy tout contre ceſte ormoye
Qu'on laiſſe à la main gauche, au deſſous de la voye
Des champs frais-labourez, où lon pretend ſemer
Quelques grains que lon dit qui viennent d'outre-mer :
Comme ſi nos terroirs eſtoyent de meſme ſorte
Que ceux-là des païs d'où ces grains lon apporte.
En tous lieux & endroits Nature ne produit
(Quoy qu'on puiſſe ſoigner) toute ſorte de fruit.
Les pays ſont douëʒ de graces differentes :
L'vn eſt propre au beſtail, l'autre eſt bon pour les plantes.

Tours a les beaux fruitiers, de Brie l'ornement
Sont les prez & taillis, de Beaulse le froment :
Le païs d'Albigeois que le Tar rouge bagne,
Voit iaunir sous la Libre & dorer sa campagne
Du safran cordial, qui par mesure pris
Esiouit des mortels les cœurs & les espris.
La Bretagne fournit d'Aulonnes pour les voiles,
La Neustrie des draps, des citres & des toiles,
Que le hardi Nocher maugré les Portugois .
Va troquer à Maroque, ou sur le bord Indois.
   On dict que la Gascongne en bon vins est feconde,
Qu'Anjou la suit de pres, qu'Orleans la feconde,
Que le petit Ay és tertres Champenois,
Quand il peult rencontrer, les egale tous trois.
D'orangers & citrons la Prouence foisonne,
Es coustaux Lauraguois le pastel on moissonne,	_
Et le bas Languedoc desfie ses voisins
En laines, oliuiers, en myrtes & raisins.
Mais s'il falloit sortir hors des bornes de France,
Qui pourroit, ô bon Dieu, nombrer la differance
De tant de regions, & leur diuersitez,
Et de chasque païs les singularitez ?
Suffise que le nostre, heureux, maints biens possede,
Et qu'à le prendre en gros, à nul autre il ne cede.
Car si l'vn de ses coins refuse quelque fruit,
A fin qu'il ne nous manque, vn autre le produit :
C'est pourquoy nous deuons bien sonder & cognoitre
Le naturel des champs, auant que d'y rien mettre.
Ils ne sont tous pareils, & mesmes en bonté
Qui les cuide égaler se trouue mesconté :
Et l'Autonne venu, en lieu de tas de gerbe,

Ne moiſſonne, chetif, bien ſouuent que de l'herbe :
En vain offre à Cerés, qui reiettant ſes vœus
Et l'annuel trauail de luy & de ſes bœus,
Se bande & ſe roidit contre l'art & l'iniure
De ces outrecuideʒ, qui forcent la nature.

　　Les hommes de ce temps, ie dis entre nous vieux,
(Ie pardonne aux garçons) ſommes trop curieux
De toutes nouueauteʒ : dés lors qu'il ſe preſente
Quelque cas de nouueau, ſoudain cela nous tente :
Et ſans conſiderer les pertes ou dangers,
Tout eſt receu pour bon qui vient des eſtrangers.

　　Que pleuſt à Dieu, Colin, que lon nous laiſſaſt faire
Hardiment bien ou mal, noſtre petit affaire !
Si nous n'auons l'eſprit ſi propre à inuenter,
Comme eux, ſi ſçauons-nous & ſemer & planter,
Et cueillir, & ſerrer, & tenir vne ferme,
Et preſter aux amis ſans profit à long terme :
Et preſſurer le laiɛt, & guider le troupeau,
Et tondre nos moutons ſans eſcorcher la peau.
Leurs Clercs, comme i'entens, n'ont pas plus de ſcience
Que les noſtres en ont, ny tant de conſcience.
Quoy que ſoit, l'eſtranger ne pourroit ſe vanter
Que nous ſoyons meilleurs pour cheʒ nous le hanter :
Ains ſommes empireʒ de tous poinɛts, ce me ſemble,
Depuis que nous meſlons nos affaires enſemble.
I'en oy plaindre ſouuent les bourgeois des citeʒ :
Et quant à nos terroirs, ils s'en ſont deſpiteʒ,
Car depuis quelque temps és terres moins legeres
Ne naiſſent que pauots, que chardons, & feugeres,
Et la foudre en nos bois va touſiours choiſiſſant
Le cheſne le plus droit & le plus verdiſſant.

Tu m'entens bien, Colin. Ouy (dit-il) i'en pleure,
Et voudrois eftre mort, tant ie crains à toute heure
Que par l'effort du vent ne nous foit enleué
Ce beau Pin que tu vois iufqu'au ciel efleué,
Qui du plus bas du pied iufqu'au fommet des branches
Eft couuert de Lis d'or auec les Aigles blanches.
Mais puiffé ie pluftoft en l'arriere faifon
De mon âge, me voir banny de ma maifon,
Mendier d'huis en huis, qu'vn tel mechef aduienne!
Ce pendant ie te pry, Michau, qu'il te fouuienne
Du propos commencé, il le faut acheuer.
Maintenant, s'il te plaift, auant que nous leuer.
   Lors Michau: Ie difois qu'en vain l'homme s'efforce
La Nature forcer foit par art, ou par force:
Car bien qu'il femble vn temps qu'efclaue fous les lois
De l'homme outrecuidé elle ait perdu fes droicts,
Si la voit on en fin, reiettant en arriere
Tous liens, recouurer fa liberté premiere:
Et comme vn preux guerrier porter fur fon efcu
Empreinte à tout iamais la honte du veincu.
C'eft à dire, Colin, que Nature retourne
Aifément d'où le foin de l'homme la deftourne:
Et que mieux il nous vaut nos champs enfemencer
De grains à nous cogneus, que non pas les preffer
D'en porter d'eftrangers: fur tout qu'il faut cognoitre
Le champ, comme i'ay dit, auant que d'y rien mettre.
   Encor n'eft-ce pas tout: car la fterilité
Ne vient des feuls terroirs, ny la fertilité,
Ains de l'alme Soleil, qui l'influence darde
Et les rend plantureux felon qu'il les regarde.
Son pouuoir eft tres grand: il eft comme le Roy

Qui souuerain commande, & qui donne la loy
A tout le labourage : au pris qu'il se remuë,
Le bon homme des champs fait bransler sa charruë.
Et comme il entre ou sort de ses douze maisons,
Le Laboureur conduit ses œuures és saisons,
Rapportant son bonheur ou sa mesauanture
Au Soleil, principal outil de la Nature :
Ioint que le Tout-puissant en sa diuinité,
A de chasque terroir le rapport limité.
Car apres le peché, pour marque de l'offense,
Dieu condemna la terre, & fit la difference
Des lieux & des païs : la Terre auant estoit
Toute pareille en soy, & de son gré portoit
Le viure des humains, egalement feconde
Par tout ce qu'Amphitrite entoure de son onde.
   Sans le peché, l'Anglois, l'Alarbe, le Grison,
Bref chacun eust cueilli autour de sa maison,
Hors de peine & trauail, des fruits de mesme sorte
Et de mesme bonté que l'Orient en porte :
Et les sablons menus des plus proches deserts
De l'Equateur boüillant, eussent esté couuers
D'autant de beaux froments seruans à nostre vsage,
Qu'à Rome on en souloit conduire du riuage
Du Nil Egyptien, ou du contraire bord
Qui bruit encor d'Elize & l'amour & la mort.
   La Cypre, la Chios, la Crete, la Sicile
N'eussent en rien passé la Nouerge & la Thyle :
Thyle, l'vne des sept dont nostre Ourse accoucha,
Neuf mois entiers apres qu'Aquilon la toucha :
Thyle fille du Nort, qui par fois dedaigneuse
Pour fuir la lueur de la flamme amoureuse

De Phebus, & le iour eternel qui le suit,
S'en va cacher six mois aux antres de la Nuict :
Puis les autres six mois plus douce deuenuë
Se met dans le gyron de Phebus toute nuë,
Et de ses bras charnus sçait si bien l'accrocher,
Qu'en vain Tethys l'attend à l'heure du coucher.

    Pardonne moy, Michau, dit Colin : ce langage,
Et les mots que tu dis, ne sont à nostre vsage :
Ie croy qu'il te souuient de quelque vieil rebus,
Quand tu nommes ton Ourse, & Tethys, & Phebus,
Et l'Equateur boüillant, & les amours d'Elize,
Et les Orcades sœurs, les filles de la Bize.
Tu nous en veux conter, qu'vne Ourse ait le pouuoir
D'vn vent, & d'vn vent froid des filles conceuoir.
Ie ne dy pas cecy à fin de te reprendre,
Car iusques au cercueil ie desire d'apprendre :
Si enfant, comme toy, mon pere m'euft instruit
En ce que les Romans ont laissé par escrit,
Capable ie serois (mais moins heureux peut estre)
D'entendre ce parler esloigné du champestre.

    Ne te fasche Colin, dit Michau : tout exprés
I'ay vsé de ces mots, sçachant que cy aprés
Quelqu'vn de nos amis, pour faire toufiours viure
Le banquet de ce iour, le mettra dans vn liure,
Liure qui ne sera seulement recité
Es caffines & bourgs, ains en mainte cité,
Où les hommes sçauans auront plaisir de lire
Ces mots non au parler, ains propres à l'escrire.

    Chacun adonc se teut : luy d'vn inegal cours
Et d'vn ton varié poursuiuit ses discours :
Quelquesfois se haulsant sur la pointte des nuës,

Et quelquesfois rampant sous les herbes menuës,
Selon que la fureur diuine l'incitoit,
Ou que plus ou que moins le propos meritoit.
 Bien-heureux sont (dit il) les hommes qui cognoissent
Les causes, dont çà bas les effets apparoissent,
Pourueu que retenus sous vn humble deuoir
Ils referent à Dieu le but de leur sçauoir.

 Ces vers ie composois au lieu de ma naissance,
Plein d'honneste loisir, lors que Henry de France,
Fils & frere de Roy, & l'honneur des Valois,
De cent canons battoit les murs des Rochelois :
Et eusse poursuiui les biens du labourage,
Mais la mort de mon fils m'en oste le courage,
Et trouble tellement de douleur mon esprit,
Que i'en laisse imparfait pour iamais cest escrit.

Continuation des Vers
fur les Plaifirs de la
Vie Ruftique.

Mon ardeur me reprend & ma premiere enuie
De chanter les plaifirs de la ruftique vie,
Plaifirs purs, innocens : & conter aux neueux
Quels font des Laboureurs les ordinaires vœux,
Leurs courtils, leurs troupeaux, leurs feftes, leurs iournees
Et felon les faifons leurs œuures ordonnees.
*   O Pan, Dieu d'Arcadie, à qui de toutes parts*
Les Bergers vont offrant les primices des parcs :
Et toy pere Syluain, & vous belles Naïades,
Vous les Nymphes des bois, clair-brunettes Dryades :
Vous Satyres cornus, & autres Déitez,
Qui l'horreur des forefts fainctement habitez,
Ou le chef des hauts monts, ou le creux des riuieres,
D'où propices oyez les ruftiques prieres :
Si iadis il vous pleut tant vous humilier,
Que de vouloir aux Grecs vos fecrets publier,

Par le style doré & par la voix sacree
Qui encore s'entend du citoyen d'Ascree,
Et si c'est vous aussi qui d'vn immortel son
Du Mantuan avez animé la chanson :
Chanson qui auiourd'hui est encore aussi viue,
Que lors qu'il la chanta sur la superbe riue
Du Tibre blondissant, ou sous les Orangers
Dont Parthenope belle emmure ses vergers :
Inspirez mesme ardeur, ô Dieux, dans mon courage :
Ie chante à nos François dans ces vers vostre ouurage,
Qu'à la mort de mon fils, de la douleur pressé,
I'auois pour tout iamais imparfaict delaissé.
Et or'loin de Cirrha, de Permesse, & leur source,
Es Sarmates glacés, presqu'au dessous de l'Ourse,
I'entreprens d'acheuer (si par vous m'est permis)
Pour satisfaire au vueil de mes doctes amis,
Et suiet obeïr au commandement iuste
Que souuent i'ay receu de Henry mon Auguste.

   Alors que le Soleil entrant dans la maison
Du celeste Belier, ramene la saison
Du printemps enioüé, & les Alpes cornuës
Crollans leurs chefs hautains qui voisinent les nuës,
Font contre bas rouller à gros tas & monceaux
Les neges, dont on voit deborder les ruisseaux :
Et lors que les Zephyrs de leurs douces haleines
Fecondent l'amarry des plus steriles plaines :
Que l'ingrate Progné raude autour du plancher
Où sans le gré de l'hoste elle pretend nicher :
Et que tous animaux au creux de leur poitrine
Commencent de sentir les ardeurs de Cyprine :
   Adonc l'homme des champs quittant le dur seiour

De ſon liĉt atterré, vne heure auant le iour
Eſtalle ſes outils, dreſſe ſon equipage,
Coultre, charruë & ſoc, & le menu cordage.

L'autheur eſtant apres à continuer ceſt œuure à heure perdue, il fut contraint de le laiſſer, à cauſe du depart ſoudain de Pologne, pour la nouuelle de la mort du Roy Charles neu-fieſme.

SONNET

A fon fils, apres qu'il eut gaigné la fleur
d'Aiglantine, qui fe donne par vn des
principaux Magiftrats en l'hoftel
de ville à Toulouze, à celuy
des enfans qui en public a
mieux recité des vers.

Mon fils, tu as gaigné cefte petite fleur,
  Dont ie vey mon enfance à ton âge eftrenee :
  Mais comme elle me fut par mon pere donnee,
  I'euffe auffi defiré en eftre le donneur.

Si le ciel m'a nié & à toy ce bonheur,
  Si ne veux-ie paffer cefte fatale annee
  Sans voir dedans ta main la fleurette gaignee,
  Pour t'apprendre, mon fils, d'en loüer le Seigneur.

C'eft luy qui fait germer, croiftre, fleurir enfemble,
  Et meurir tout à coup nos ans quand bon luy femble
  Puis change nos hyuers en eternel printemps.

Au iargon des oifeaux és forefts il fait bruire
  Le los de fa grandeur : aux enfans il fait dire
  Les merueilles du ciel, quand il benit leurs ans.

———

Epitaphe de meſſire MICHEL DE L'HOSPITAL
Chancellier de France.

Cy giſt DE L'HOSPITAL, le Caton de noſtre âge,
L'Ariſtide François, & le huiĉtieſme ſage.

APPENDICE

SONNETS

ARTEMISE

De sainƈte pieté en vn Roial veufuage
    Quoy que l'honneur premier iadis m'en fuſt donné,
    La mere des trois dieux ſur ſon chef coronné
    Emporte iuſtement au iourd'huy l'aduantage.

Ie luy cede le loʒ de l'immortel ouurage
    Qu'à mon eſpoux i'auois pour ſepulchre ordonné :
    Dont le Romain iadis de le veoir eſtonné
    Dans ces vers le nomma miracle de ſon aage.

Autant que mon Mauſol en Roialle bonté
    Fut vaincu de Henry, d'autant eſt ſurmonté
    Son tombeau par celluy que la chaſte Cybelle

Pour deffier l'oubly des ſiecles aduenir,
    Deuote a conſacré au triſte ſouuenir
    De Henry ſon eſpoux qui vit touſiours en elle.

CAMILLE

Le hazart des combatz en mainte & mainte forte
  I'allois cherchant partout vierge & fille de Roy,
  Le camp Troien i'auois lors mis en defarroy
  Quand Arons de fon dard me feit trebucher morte :

La mort ne me priua de l'honneur que lon porte
  Aux braues combatans qui meurent comme moy :
  Turnus, ce preux guerrier, honora mon conuoy
  Appuiant mon cercueil fur fon efpaule forte.

Vne lance, vn bouclier, vn coutelas trenchant,
  Vn efcadron carré en bataille marchant,
  Sont les plaifirs que i'ay fuiuis des mon enfance.

Cefte Roine a plus fait : car fans effort de bras
  Par victoire & mercy a mis fin aux combatz
  Et vni les François fous vne obeiffance.

CLOELIE

En la fleur de mes ans par le fort inhumain
  Au Roy Tufcan ie fus en oftage liurée,
  Mais à l'œil de fon oft ie m'en fuis deliurée
  Paffant fur vn courfier le creux Tybre Romain.

L'obiect de ce hault faict rendit ce Roy humain
  Car lors que par nos loix ie luy fus reliurée
  Guerdonant ma vertu d'vne riche liurée,
  Les oftages rendit qu'il tenoit foubs fa main.

Si pour auoir paffé fur vn cheual à nage
  Le Tybre, on va louant mon belliqueux courage
  Et Rome me reçoit en fi pompeux arroy,

Que pourra meriter celle qui defarmée
  A d'vn cœur indompté, trauerfé mainte armée
  Pour le falut commun de la France & du Roy?

SONNET

(En l'honneur du Roi, du duc d'Anjou
& du duc d'Alençon.)

Le Premier eft mon Roy, duquel moins ie n'efpere
  Que de ces preux aieulx, qui par illuftres faictz
  D'Heroïque vertu, feux diuins fe font faictz
  Et vont ores roulant au plus hault de la Sphere :

Le Second eft vn duc que Fortune profpere
  A faict vaincre & dompter les guerriers plus parfaictz,
  Lors que mal confeillez nous nous fommes deffaictz
  Pour affeurer l'eftat du voifin aduerfaire :

19

Le Tiers vn iour n'aura moins de grace & bonheur
  Que de grauer au ciel les traictz de son honneur,
  Par la vertu qu'il a dedans son cœur emprainte :

France, ie ne te puis souhaiter plus de bien
  Que veoir ses trois vnis par eternel lien
  Sous l'honneste debuoir d'vne amitié non fainte.

L'Esprit de Lysis disant le dernier adieu à sa Flore, dialogue sur la mort de Bussi d'Amboise.

FLORE.

Sur le poinct que la nuict pliant son noir manteau
Pour faire place au iour r'appelle ses lumieres,
Et qu'vn profond sommeil arrosé de son eau,
Charme de nos ennuis les humaines paupieres,

I'entends pres de mon lict vne dolente voix,
Elle estoit à la voix de mon Lysis pareille :
Ie sens vn bras plus froid que marbre mille fois
Dont l'vn en me poussant, l'autre en criant m'esueille.

Vn ieune homme couuert de playes & de fang
Se proſterne à mes pieds : ma poiɛ̄rine ſe glace,
Mon cœur ſaiſi d'effroy pantelle dans mon flanc,
Et à ce trifte obieɛ̄ ie tombe ſur la face.

Madame, ce dit il, aſſeurez voſtre peur :
Ie ſuis voſtre Lyſis, qui premier que deſcendre
Dans le val tenebreux plein d'eternelle horreur,
Le funebre deuoir ie vous ſuis venu rendre.

Ie recogneus ſa voix, & ouurant mes deux yeux
Ie remarquay maint trait de ſa beauté premiere :
Lyſis di-ie en pleurant, quelle fureur des Dieux
T'a faiɛ̄ ſi toſt quitter du Soleil la lumiere?

LYSIS.

Les Dieux ne ſont autheurs du maſſacre inhumain
Qu'vn perfide aſſaſſin attiltré par ſon maiſtre,
En ſa propre maiſon a commis de ſa main,
Auec pluſieurs voleurs compagnons de ce traiſtre.

FLORE.

Quoy? tant de riches dons dont le ciel t'honoroit,
Ta force, ta valeur, ta grace, ta faconde
Et tant d'exploits guerriers que la France admiroit,
Ne te deuoient-ils pas rendre ami tout le monde?

LYSIS.

Flore, vous vous trompez, l'eſclat de ma vertu
Eſt l'vnique venin qui m'a priué de vie,

C'eſt le foudre cruel dont ie ſuis abatu,
Le rocher de ma nef, la butte de l'enuie.

Ceux qu'auiourd'huy l'on voit les premiers rangs tenir,
Rodomons de piaffe, & garces en courage,
Ne pouuans de mon los le renom ſouſtenir,
Ont achepté ma mort pour aſſouuir leur rage.

FLORE.

O deteſtables mœurs! ô ſiecle rigoureux :
Forge de trahiſon, eſchole d'iniuſtice,
Des ſiecles le dernier, ô ſiecle malheureux!
Tu eſteints la vertu pour auancer le vice.

Lyſis mon tout, mon bien, mille & mille treſpas
Me feront chacun iour voir d'Acheron la riue,
Si d'vn coup ſeulement ton ombre fuit là bas
La gloire de tes faits reſtera touſiours viue.

LYSIS.

I'euſſe fort deſiré mourir au liſt d'honneur,
Mettant vn camp en route ou forçant vne place,
Mais ce qui plus hélas! augmente ma douleur,
C'eſt que mourant ie perds les rais de voſtre face.

FLORE.

Le genre de ta mort teſmoigne ta valeur
Et de tes ennemis la coüardiſe infame :
Tant qu'en moy reſtera de vie & de chaleur,
Touſiours, mon cher Lyſis, tu viuras en mon ame.

LYSIS.

Touſiours ie garderay deſſous l'obſcur tombeau
Ta grace, ta vertu dans ma poiĉtrine emprainĉte,
Et le Lethe oublieux m'abreuant de ſon eau,
Ne fera que i'oublie vne amitié ſi ſainĉte.

FLORE.

L'exceſſiue douleur ne me permettra pas
De ſuruiure apres toy : les maux qu'amour me liure
Sont beaucoup plus cruels que le cruel treſpas,
Tu m'emportes le cœur ſans quoy l'on ne peut viure.

LYSIS.

Quiconque veut guerir eſt id ſain à demi,
Madame au moins tenez voſtre douleur couuerte,
Que ſi vous ne pouuez oublier voſtre ami,
Songez au bien paſſé & non pas à la perte.

FLORE.

Puiſque la vertu ſeule en aimant ie pourſuis,
Peu me chaut que chacun fondre en larmes me voye:
Me ſouuenir de l'vn ſans l'autre ie ne puis :
Le deuil entre en nos cœurs plus auant que la ioye.

LYSIS.

Adieu, Madame, adieu, le meſſager des dieux
Pour paſſer le noir fleuue importun me r'appelle :
Adieu, beaux yeux, plus clairs que les flames des cieux,
D'vn eternel adieu, adieu Flore la belle.

FLORE.

Lors ie faute du lict pour fa fuitte arrefter,
Mais penfant l'embraffer rien que vent ie n'embraffe :
Adieu doncques, Lyfis, l'eternel Iupiter
Guerdonnant tes vertus te reçoiue en fa grace.

O nuict, cruelle nuict, tu me feras toufiours
Trifte, mal-encontreufe, & des nuicts la plus noire,
Tu m'as raui mon tout, les traits au Dieu d'amour,
Les attraits à Venus, à Bellone la gloire.

STANCES

D'où vient que d'autant plus que ie fuis enflammé,
Que mon malheur confent que ie fois moins aymé,
Et flattant mon malheur contre moy ie m'obftine ?
Vous diriez que les feux de ma trifte langueur
Allument à l'ennuy les feux de fa rigueur,
Si bien que vous aymer c'eft aymer fa ruine.
La Nature & le Ciel temperent l'Vniuers
D'eau enfemble & de feu, deux elemens diuers,
Qui departent au monde vne forme nouuelle,
Mes larmes & mon feu font les deux elemens,
Qui temperent ma peine en diuers mouuemens,
Mais le monde eft mortel, & ma peine immortelle.
Si quelqu'vn d'entre vous peint l'Amour auiourd'huy

Qu'il peigne la Fortune affife aupres de luy :
La Fortune & l'Amour font de mefme nature,
Ce n'eft pas le merite auiourd'huy qui depart
Le bon-heur en amour, ce n'eft que le hazart :
Vn aueugle, vn enfant font tout à l'aduenture.

A quel prix de rigueurs, de peines, de tourmens,
De flames, de fureurs, d'enfers, d'embrafemens,
Mettez vous en amour le bien de ma pourfuite?
S'il ne tient qu'à fouffrir, ie vous pry d'inuenter
Quelque tourment nouueau pour me bien tourmenter,
Qu'à l'egal de mes maux egal foit mon merite.

Ie me refouls fouuent de chaffer de mon cœur
L'amour & les defirs, brafiers de ma langueur :
L'amour tout mutiné fe plainct à l'efperance,
L'efperance auffi toft fe va plaindre à vos yeux :
Si toft que ie vous voy ie deuiens furieux,
Contre fi doux Tyrans ay-ie affez de puiffance?

C'eft vn difcours d'Amour, s'il vaut mieux qu'vn Amant
N'efpere rien du tout pour fon contentement,
Ou fi pour efperer il a quelque aduantage :
L'vn eft plein de defirs d'vn bien imaginé,
L'autre plein de fureur, en fon mal obftiné :
Qui eft de ces deux-là le plus pres du riuage.

L'amant defefperé s'il n'attaint à ce bien
Où fon propre mal-heur veult qu'il n'efpere rien,
S'il n'a bien efperé, qu'eft ce qui le tourmente?
Mais fi quelque bon-heur fans y auoir penfé,
Le conduit à ce poinct, qu'il foit recompenfé,
Le plaifir eft plus cher qui nous vient fans attendre.

Or celuy qui s'attend d'eftre vn iour recogneu,
Le plaifir eft paffé auant qu'il foit venu,

Et a sans fruict le fruict de sa peine soufferte,
Mais s'il aduient aussi qu'il se trouue abusé
De l'effect du plaisir qu'il s'estoit proposé,
L'espoir d'vn bien accroist le regret de sa perte.

Que i'ay donc de regret d'auoir tant poursuiuy,
Soubs vn espoir trompeur le bien qui m'est rauy,
Apres auoir porté tant de longues trauerses!
Or ie veux desormais sçauoir si ie seré
Plus heureux en amour estant desesperé,
Les effects sont diuers de deux causes diuerses.

Ne vous lassez iamais de me faire endurer,
Pensez vous que ie sois las de perseuerer?
Que de mille desdains ma flame soit suyuie?
La valeur d'vn guerrier se cognoist au danger :
Cent mille cruautez ne me feront changer,
La fin de mon Amour c'est la fin de ma vie.

L'on dict qu'en toute chose y a perfection,
Qui s'appelle là haut Imagination
Du parfaict sans effect que les dieux ont gardée,
Ie n'ay pas seulement en mon amour parfaict
L'imagination, mais aussi i'ay l'effect,
Si bien que mon amour est l'effect de l'Idée.

La vieille Astrée vn iour s'enuola dans les cieux,
Abandonnant la terre & le monde odieux,
Qui plein d'impieté luy vouloit faire guerre :
Les amans ont banny la Constance & la Foy,
Elles pour se sauuer s'envolerent dans moy,
Ie seray donc le Ciel & les autres la Terre.

Liens, flammes, fureurs croissez de iour en iour :
Croissans vous ne pouuez descroistre mon Amour,
Croissez donc les meurtriers de mon ame punie :

Beautez miroir du ciel, qui me faites tranfi,
Pourquoy ne pouuez vous croiftre de mefme auffi?
Mais qui peut adioufter à la chofe infinie?

   Auant que l'on vous veift qu'eftoit ce que beauté :
C'eftoit à mon aduis quelque nom emprunté,
Vn fonge qu'vn amant peignoit en fon courage,
Ou bien des coups d'effay & quelque petit traict
Du ciel, pour mieux apres tirer voftre portraict.
Ce n'eftoient que deffeins & vous eftes l'ouurage.

   Digne ouurage du ciel, ie me tiens bien heureux,
Puifque ie fens pour vous tant de maux langoureux :
Tournez au moins vos yeux trop pleins de violence :
De dire qu'vne peur vous aille retardant :
La defence en amour rend vn feu plus ardant,
Vous ne le voulez pas : voyla voftre defence.

   Les beaux rais du Soleil quand ils font renfermez
En vn miroir ardent, ils font plus allumez,
Et le feu plus ardent enclos en la fournaife :
Quand l'Amour eft contraint,& qu'il fent quelque effort
Il s'anime & fe rend plus violent & fort :
C'eft vfer vn peu d'eau fur vne grande braife.

   Ou c'eft mal fait d'aimer, ou c'eft bien fait d'aimer :
Si c'eft bien fait d'aimer, qui vous en peut blafmer?
Qui croira que iamais la vertu fe defende?
Si c'eft mal fait d'aimer, qui a donc offencé?
Eft-ce vous ou l'Amour qui vous y a forcé?
Peché n'eft plus peché quand vn Dieu le commande.

   Le voulez vous ou non? Si vous ne le voulez,
Et que ie perde en vain tant de pleurs efcoulez,
Dictes le franchement, que vous fert de le feindre?
Mais fi vous le voulez, qui vous le defendra?

Vueillez le seulement, & chascun le voudra.
Vne Diuinité se peut elle contraindre?
   Mais qui est l'indiscret qui voudroit engarder
Que le Soleil du Ciel ne nous vint regarder?
Qui pourroit empescher la course de sa flame?
Le Soleil est l'Amour, l'Amour est le Soleil,
Tous deux ont mesme essence & vn effect pareil,
L'vn est l'Astre du monde & l'autre de nostre ame.

   Iupiter indigné tenoit l'Amour enclos
Dedans l'obscurité du tenebreux chaos :
Mais que peut contre Amour l'effroy d'vne menace?
Cet enfant à la fin de colere sortit
Plein d'audace & de cœur, & le Monde bastit,
Ce monde est auiourd'huy le fruit de son audace.

   S'il vous plaist de sçauoir ce qui est entendu
Soubs ce chaos, ce n'est qu'vn amour defendu :
Iupiter est la peur qui vous tient asseruie,
Ce monde œuure d'Amour que bastit cet enfant,
C'est l'effet de l'Amour alors qu'on le defend,
La defence en Amour est mere de l'enuie.

   Qui vous defend d'aimer d'vne honneste amitié,
Vous rend sans yeux, sans ame, ingrate & sans pitié :
Ingrate, en refusant le fruit de mon seruice,
Sans yeux, en me voyant cruellement mourir,
Sans ame & sans pitié ne m'osant secourir.
Qui defend donc d'aimer vous commande ce vice.

   Qui craint vne defence en amour n'aime point,
Ou s'il aime, l'Amour dont il se sent espoint,
Ce n'est tant seulement qu'vn feu qu'il imagine,
Vn arbre qui n'a mis ses racines auant,
Vous voyez que de peur il tremble au premier vent,

Aimer peu qu'eſt ce donc qu'vn arbre ſans racine.

D'où vient qu'on feint Amour fils de la Liberté?
Comme libre il ne peut iamais eſtre arreſté,
Comme volant & nud, par où le peut on prendre ?
Comme enfant, que peut on aux enfans demander?
Comme Dieu, c'eſt à faire aux Dieux de commander.
Dieu, enfant, libre, & nud que luy peut on defendre?

Et bien, ſi vous m'aimez, m'aimant qu'offenſez vous?
Ce n'eſt au pis aller qu'irriter vn courroux :
Humaine eſt la deffence & la vengeance humaine :
Mais vous rendant Amour & les dieux ennemis,
C'eſt vn ſi grand peché, qu'il n'eſt iamais remis :
Les Dieux ſont eternels, eternelle eſt leur peine.

L'Amour bande ſes yeux afin de ne rien voir,
Pour monſtrer que les cœurs qu'il tient en ſon pouuoir
Doiuent fermer les yeux au reſpect d'vne crainte.
Que ſert vne defence où le deſtin a lieu?
Deſtin & Dieu n'eſt qu'vn : ſi l'Amour eſt vn Dieu,
Ie conclus que l'amour eſt donc hors de contrainte.

La beauté ſans amour c'eſt un feu ſans ardeur,
C'eſt vn arbre ſans fruit, c'eſt vn pré ſans verdeur,
Vn printemps qui n'a point aucune fleur eſcloſe,
C'eſt vn ciel ſans Soleil, c'eſt vn Soleil ſans iour,
C'eſt vn corps ſans eſprit, vn Amour ſans Amour,
L'Amour & la Beauté c'eſt vne meſme choſe.

Quand vn Amour eſt ferme & ſur pied aſſeuré :
Que le Ciel ou l'Enfer ſa perte ait coniuré :
Malgré tant de rigueurs ſa conſtance eſt cognue.
Si l'Amour a des loix, c'eſt pour aſſubiettir
Les yeux, non pas le cœur que l'on peut diuertir,
Que i'ay donc voſtre cœur & les autres la veuë.

Amour, ſi tu es donc le grand dieu des mortels
Qui vois & qui reçois l'honneur de tant d'autels,
Qui te plais en nos maux & te pais en nos larmes :
Ie t'adiure & coniure, Amour, par tes attraits
Ta puiſſance, tes feus, tes redoutables traits,
De faire en ma faueur qu'elle eſprouue tes armes.

Si tu es ce grand Dieu par qui tout eſt donté,
Craint là haut dans le Ciel, aux enfers redouté,
Qui renflamme Neptune au milieu de ſon onde :
Decoche tous tes trais, darde dedans ſon cœur,
Ton carquois & ton feu pour t'en rendre vainqueur,
Et dy apres cela : I'ay vaincu tout le monde.

NOTES

Les *Quatrains* de Pibrac ont été publiés par parties, et ce n'est qu'à compter de 1576 que Fédéric Morel les a réimprimés dans l'ordre où ils se trouvent aujourd'hui.

La première édition a paru in-8° (13 p. tit. comp., plus 1 feuillet 1/2 blanc) avec l'intitulé suivant :

Cinquante Quatrains, contenant preceptes & enseignemens vtiles pour la vie de l'homme, composez à l'imitation de Phocylides, d'Epicharmus & autres anciens Poëtes Grecs, par le S. de Pib.

A Paris, chez Gilles Gorbin, à l'Enseigne de l'Esperance, ruë St-Jean de Latran deuant le College de Cambray. 1574.

Au verso du titre on lit, avec sa dédicace, la pièce ci-dessous :

D. VIDO FABRO, REGIO CONSI, FISCI PATRONO, ET PATRICIO.

Seu patriæ torques vibrantia fulmina linguæ
Pibrace, facundo maximus ore ruens :
Seu qualis Ausonijs trepidantia pectora verbis
Sauromatum, inque tuo Tullius ore fluit,
Illinc nostra suum te Gallia iactat alumnum,

Hinc contra iurat Romula terra fuum.
Magnus Mœonides pro quo feptem vrbibus olim
* Certatum multo tempore fama refert,*
Maximus ille quidem, at quanto tu maior Homero,
* Quem propter bellum maxima regna gerunt.*

P. DE LA TANERIE
Tholofan. I. C.

Les quatrains publiés en 1574, par Gilles Gorbin, sont, dans l'ordre suivant, ceux de notre édition, n°ˢ 1 et 2, 88, 34, 94, 37, 30, 42, 32, 38, 43, 65, 44 à 46, 51 et 52, 66 et 67, 48 à 50, 54 à 60, 11 à 21, 118, 41, 121, 119, 109, 110, 53, 47, 125 et 126.

La suite des quatrains de Pibrac a été donnée in-4° (15 pp. tit. comp.), par Fédéric Morel, en 1575, sous le titre de : *Continuation des Quatrains du Seigneur de Pybrac, contenant preceptes & enfeignemens tres-vtiles pour la vie de l'homme, compofez à l'imitation des anciens Poëtes Grecs, par le dict Sieur de Pyb.*

Ce volume contient cinquante et un quatrains.

Les quatrains dont la réunion forme cette continuation de l'œuvre de Pibrac correspondent à ceux de notre réimpression, rangés dans l'ordre ci-dessous :

3 à 8, 22 et 23, 25 à 29, 31, 33, 63 et 64, 35, 90, 70 à 75, 39, 91, 86, 69, 96, 120, 97, 101, 98, 92, 115, 87, 89, 85, 99 et 100, 61, 108, 117 (ces deux quatrains portent le n° 43), 102 et 103, 79, 80, 62, 105, 24.

Au verso du titre se trouve le quatrain :

Ie n'ay tafché ces Quatrains façonner
D'vn ftyle doulx à fin qu'ils peuffent plaire :
Car auffi bien ne les veulx ie donner
Qu'à ceux qui n'ont foucy que de bien faire.

Suivant privilége du 25ᵉ jour d'août 1575, Fédéric Morel ayant obtenu le droit d'imprimer, faire imprimer et vendre les quatrains de Pibrac, durant le terme de six ans, a publié cet ouvrage en 1576, 1578, 1583 et 1584.

Ces diverses éditions présentent dans un ordre définitif vingt-cinq nouveaux quatrains, tous ceux qui avaient été réimprimés antérieurement et les cinq sonnets des Dames illustres.

Le sonnet de Lucrèce Romaine a paru pour la première fois dans le livre de Simon Bouquet, intitulé :

Bref & Sommaire Recueil de ce qui a été faiā & de l'ordre tenue à la ioyeuse & triumphante Entrée de tres puissant, tres magnanime & tres chrestien Prince Charles IX de ce nom Roy de France en sa bonne ville & cité de Paris capitale de son royaume, le mardi sixiesme iour de mars

auec

Le Couronnement de tres haute, tres illustre & tres excellente Princesse Madame Elisabeth d'Autriche son espouse le Dimanche vingt-cinquiesme

&

Entrée de ladiāe dame en icelle ville le Ieudi XXIX dudiā mois de Mars M D LXXI.

A Paris

De l'Imprimerie de Denis du Pré, pour Oliuier Codoré ruë Guillaume Iosse, au Heraut d'armes, pres de la ruë des Lombars

1572

Auec priuilege du Roy.

In-4° de 54 ff., tit. comp., pour l'Entrée de Charles IX, 10 ff. *id.* pour le Couronnement, et 26 pour l'Entrée d'Élisabeth.

Le sonnet de Lucrèce, traduction d'une inscription latine en l'honneur de Catherine de Médicis, se termine par les vers suivants :

Honteuse ne voulus à mon honneur suruiure.
Mais toy qui ne veis onc ton esprit assaillir
De vice, ny le corps si proche de faillir,
Tu doibs Roine vouloir icy longuement viure.

Avant d'être publié dans la première édition collective des quatrains de 1576, le sonnet de Lucrèce parut avec celui de Porcie dans la réimpression des cinquante premiers quatrains donnés en 1575, in-8°, par Gilles Gorbin et in-4° par Fédéric Morel. La continuation porte à sa dernière page le sonnet de Cornélie.

P. 77. Quatr. 13.

> *Vn degout de la fource eternelle...*

Regnier a dit dans un sens analogue, Sat. X, in fine :

> *Et du haut des maifons tomboit vn tel degout...*

P. 89. Quatr. 72.

> *... Des aureillettes prendre...*

Allusion aux oreillettes dont les athlètes se couvraient les oreilles afin d'éviter des meurtrissures. V. le *Thesaurus* d'Eſtienne au mot Ἀμφῶτις.

P. 91. Quatr. 80.

> *... De Denis le taureau...*

Confusion commise par Pibrac qui a ici en vue le taureau de Phalaris, devenu l'instrument de supplice de Perille son inventeur.

P. 92. Quatr. 86.

> *Le nombre fainʓ...*

Le nombre 4 et ses multiples. V. Agripp., *De occult. philosophia,* liv. II, chap. VII.

P. 94. Quatr. 97.

> *Plus que Sylla...*

L'ignorance de Sylla est une légende suspecte dont on trouve néanmoins des traces dans Suétone : Vie de César, et dans Agrippa : chap. 1, *De vanit. scient.*

On ne connaît que quatre éditions des vers français sur les *Plaisirs de la vie rustique,* publiées à Paris du vivant de Pibrac. La première, de 1576, in-8° de 8 ff. y compris un titre avec encadrement niellé, est de Fédéric Morel. La seconde a été donnée à la suite des quatrains, pour la Vefue Lucas Breyer, en 1583, in-12 de 29 ff. Ces deux éditions, dont la plus ancienne est de toute rareté, ne comprennent ni les cent quarante-quatre vers qui forment le début du poëme de Pibrac, ni ceux qui, au nombre de cent quatre-vingt-deux, prennent place avant l'épilogue :

Ces vers ie compofois au lieu de ma naiſſance...

On trouve ce complément des *Plaisirs* dans les deux réimpressions données en 1584, par Fédéric Morel et par Mamert Patisson. Cette dernière édition in-4°, de 16 ff., se distingue de la précédente par plusieurs singularités. Le titre est ainsi conçu : *Les Vers François du Sr de Pibrac, Conſeiller du Roy en ſon Conſeil d'Eſtat & priué, President en ſa Cour de Parlement & Chancelier de Monſeigneur Frere du Roy.*

La continuation des Vers ſur les *Plaisirs de la Vie rustique* finit le volume f. 15, v°, faisant suite à l'Épitaphe de L'Hôpital. Enfin cette édition est ornée d'une gravure représentant Pibrac avec l'exergue :

Labor aƈus in orbem.

Au-dessous on lit :

Guido Faurus ſiue Faber.

21

Et ce distique :

Inque foro inque aula rebus confultus agendis
Duxit ad ufque polum Regem faluumque reduxit.

1586.   I. AVRATVS.

P. 110, v. 5.

Ce grand Caton François...

Michel de l'Hospital. Il tomba en disgrace en 1568
après avoir occupé huit ans le poste de chancelier de
France qu'il abandonna sans y laisser rien de son honneur. Ses œuvres, recueillies par Pibrac, ont été publiées
en deux vol. pet. in-fol. chez Mamert Patisson en 1585 ;
les Lettres et Discours par les soins de Pibrac, de Thou
et Scevole de St^{le} Marthe, et les poésies par Michel Hurault, seigneur de Belesbat, petit-fils de l'auteur et gendre
de Guy du Faur. P. Pithou et Nic. Lefèvre ont pris part
à cette dernière édition.

P. 111.

Et toy Bocconne fainate...

Bois voisin du château de Pibrac.

P. 123.

Les maftins courageux...

Ce vers et le suivant ne sont pas dans l'édition de
1583, où, en cet endroit, l'ordre des rimes masculines et
féminines est régulier.

P. 125.

> *Son oyſon eſtouffé...*

On lit *eſgorgé* dans 1583.

P. 126.

> *Afin que cy après n'en puiſſe eſtre repris*
> *Et blaſmé iuſtement d'erreur ou de meſpris.*

Ces deux vers manquent dans l'édition de 1583.

P. 128.

> *Du moyen que Catau nous...*

1583 donne ici :

> *Du moyen que l'autre hier on...*

Après le vers :

> *Croyez que maintenant vous n'en chomeriez point,*

on lit dans 1576, 1583 et 1584 (Mamert Patisson) :

> *Mais attendant que i'aye eſchauffé ma memoire*
> *Ie m'en vay de bon cœur vous deffier à boire.*
> *Quoi il ſemble defia que le cœur vous deffaut*
> *Quand vous voyez Colin qui hardi vous aſſaut.*

P. 129, v. 6.

> *... Vn mortel effroy des cinquieſmes orages...*

Depuis le massacre de Vassy (1562), qui devint le signal de la lutte des catholiques et des protestants, jusqu'au siége de la Rochelle (1573), on compte quatre guerres civiles

terminées par l'édit d'Amboise (1563), les paix de Long-
jumeau (1568), de Saint-Germain (1570), et de la Rochelle. On peut donc supposer que, par *cinquiesmes orages*,
Pibrac a en vue les conséquences de la mort de Charles IX,
et la formation de la ligue, qui de 1575 à 1595, sous le
prétexte de querelles religieuses, livra la France aux riva-
lités des partis politiques.

P. 130, v. 3.

> *... Que le Tar rouge bagne.*

Tar pour *Tarn*, conformément à la prononciation encore
usitée aujourd'hui dans le Languedoc. Pareillement on
écrivait et l'on disait *Bear* pour *Bearn*.

P. 135.

> *Ces vers ie compofois...*

Comme on le voit par ce passage, les *Plaisirs de la vie
rustique* ont été écrits au château de Pibrac au commencement de 1573, pendant le siége de la Rochelle par le
duc d'Anjou. Le fils dont la mort interrompit ce poëme
paraît être le premier enfant que Pibrac ait eu de Jeanne de
Custos avec laquelle il se maria le 25 juillet 1552. En 1573,
ce fils, sur lequel nous n'avons aucune information, comp-
tait donc au plus vingt et un ans.

P. 185. Les quatre sonnets suivants sont tirés de l'*Entrée de Charles IX*, dont le titre exact a été donné plus
haut. Les trois premiers, auxquels il faut joindre celui de
Lucrèce, étaient la traduction de petites pièces latines
inscrites aux quatre côtés d'une fontaine triomphale élevée
près de la porte Saint-Denis à la fontaine du Ponceau.
Voici le texte de ces pièces placées aux pieds des statues

d'Arthémise, de Camille, Lucrèce et Clélie, que surmontait l'image de Catherine de Médicis.

ARTHEMISIA.

Non apud antiquas viduas fuit altera maior
Coniugis in cineres pietas atque offa fepulti
Quàm mea : teftatur quod nobile maufoleum.
Tu tamen è viduis me fola piiffima vincis.

CAMILLA.

Aufa ego fum iuvenum tentare laborem
Scuta fudémque tenens : & martia bella frequentans
Fortiter occubui : tua fed nunc gloria maior
Quæ fenior medias acies pro Rege fubifti.

LVCRETIA.

Nulla pudicitiæ fama me fœmina vincit
Inter matronas veteres : quæ morte piaui
Non mea probra meâ : fed te nunc vincor ab vna,
Quæ fine morte probas fueris quàm fida marito.

CLOELIA.

Obfes pro patria Regi data, mafcula virgo
Tranfnaui ruptis Tyberini flumina vinclis :
Seruat Romn fidem : Rex me, foluitque puellas,
At tu non Tiberim, tota agmina rumpis inermis.

P. 111. L'*Adieu de Lysis* a été publié par M. Tricotel dans ses *Variétés bibliographiques*, Paris, Gay, 1863, où l'on trouve également l'indication des *Stances*, que nous donnons plus particulièrement, d'après les *Fleurs des plus excellens Poëtes de ce temps*, Paris, Nicolas et Pierre Bonfons, 1599 et 1601.

Ce même recueil contient huit pièces aux initiales
P. L. S. D. P. qui sembleraient pouvoir s'appliquer à
Pibrac. On rencontre également dans le *Parnaſſe des plus
excellens Poëtes de ce temps*, Paris, Math. Guillemot, 1618,
cinq autres pièces avec des indications identiques. Aucune
de ces poésies ne doit être attribuée à l'auteur des quatrains. Les pièces contenues dans les *Fleurs des plus
excellens Poëtes* sont de Du Perron, et parmi celles qui
font partie du *Parnaſſe* de 1618, il y en a trois du même
auteur. Les deux dernières, la *Proſopopée de Mars infortuné* et les *Stances au Roy pour la Paix* (t. II, p. 25),
ont pour auteurs de L'Espine et Porchères.

Indépendamment des poésies rassemblées dans notre édition, Pibrac a laissé sur ce sujet : *De la manière civile de
ſe comporter pour entrer en mariage avec une demoiſelle*,
plusieurs quatrains qui ont été publiés à la suite de l'édition de Van der Hagen. Amsterdam, in-8°. Ces quatrains,
au nombre de six, forment un opuscule en trois folios
comprenant un premier titre en caractères de civilité, un
second titre en capitales romaines et le texte dont le premier vers commence par ces mots :

Pour pratiquer l'honneſteté...

Suivant une lettre adressée au Duc de la Vallière par la
Comtesse de Conillac, Eulalie de Pibrac, sous la date du
20 octobre 1757, cet exemplaire des *Quatrains* était le
seul qui restât. Néanmoins la petite nièce de Guy du Faur
s'est dessaisie de cette rareté en faveur du célèbre bibliophile. (Voir Brunet, *Manuel du Libraire*.)

Malheureusement pour les curieux, le volume dont le
Duc de la Vallière devint ainsi possesseur a été vendu
par de Bure avec les livres du premier catalogue rédigé
par ce libraire en 1783, et il est devenu introuvable. L'ouvrage de Pibrac, qui porte le numéro 3169, était relié en

maroquin rouge, doublé de tabis, et, bien qu'incomplet de 48 pp., il contenait (pp. 49 à 69 inclus.) les 126 quatrains connus et l'opuscule dont nous sommes réduits à déplorer la perte.

Une dernière indication complétera ce qui vient d'être énoncé au sujet du singulier volume en question. Sur l'exemplaire du catalogue de de Bure qui se trouve aujourd'hui à la Bibliothèque nationale, on lit, en regard du n° de l'ouvrage de Pibrac, les mentions suivantes :

17 l. 19 s. Mran..... nel.

Ces chiffres indiquent le prix de vente, et les fractions de mots qui suivent sont probablement destinées à rappeler au libraire le nom de l'acquéreur.

Après avoir vainement cherché à notre tour où pouvait se rencontrer un opuscule que n'ont pas découvert les investigateurs les plus perspicaces, MM. Rathery, Gustave Brunet, Tamizey de Larroque, Tricotel et M. le Comte de Pibrac, qui a consacré près de quarante ans d'une vie d'érudit à former un musée des œuvres de son illustre aïeul, il ne nous reste plus qu'à faire des vœux pour le succès d'un bibliophile plus heureux que nous.

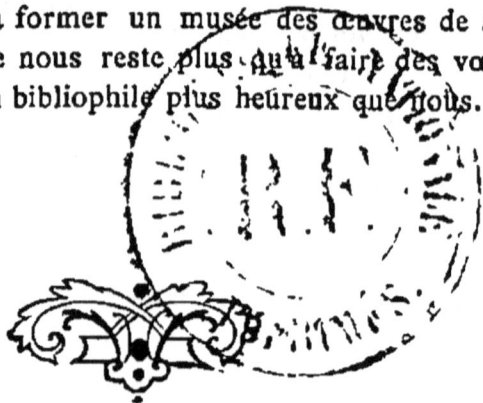

www.ingramcontent.com/pod-product-compliance
Lightning Source LLC
Chambersburg PA
CBHW072044090426
42733CB00032B/2225